ALBERT CAMUS,
UN COMBAT POUR LA GLOIRE

DU MÊME AUTEUR

Mes levers de rideau, Ramsay Archimbaud, 1995.
Cyrano, à la recherche du nez perdu, Séguier Archimbaud, 1997.
Gustav Mahler, la symphonie de Vienne, Séguier Archimbaud, 2000.
Sacha Guitry, Sacha le magnifique, Séguier Archimbaud, 2006.
Marcel Pagnol, le Poquelin de Marseille, Séguier Archimbaud, 2009.
Lettres aux femmes et à l'amour, Le Cherche midi, 2010.
Et Dior créa la femme, Le Cherche midi, 2012.

Francis Huster

Albert Camus,
un combat pour la gloire

roman

www.lepasseur-editeur.com

© Le Passeur, 2013
ISBN : 978-2-36890-001-7

*Pour Catherine Camus
et Jean-Louis Barrault*

I

DÉCEMBRE 1957. Ils avaient remonté le quai gare du Nord pour occuper leur compartiment du troisième wagon du Nord Express. Les Vikings attendaient l'enfant d'Algérie, avec le monde entier comme témoin. La Suède était prête à célébrer l'orphelin pied-noir. Dans le wagon, paupières closes, Albert Camus, bercé par le ronflement des rails, rêvait sa vie improbable qui l'avait porté jusque-là. Aux portes de la gloire, jusqu'à la plus haute marche, lui parti de rien.

Il se revoyait pédalant pour joindre les soixante kilomètres qui séparaient Saint-Étienne-du-Panelier de Madame Oettly, au sanatorium. Il respirait mal. Mais il pensait bien. Théâtre du Travail, la Troupe de Radio-Alger, Théâtre de l'Équipe, toute sa jeunesse se bousculait dans sa tête. L'alliance aux doigts de Simone, puis de Francine.

Comme s'il cherchait à découvrir à quel moment son destin l'avait happé.

Tout lui revenait, si fort, si soudainement. Les images, les sons, les morsures aussi comme celles du froid. Le rigoureux hiver 1941. Sa crise soudaine et si violente d'hémoptysie. Ses doigts crispés sur le guidon glacé. Le regard de ces enfants juifs d'Oran qui le fixaient, étonnés que leur maître toussât si fréquemment. Ces nuits à corriger les feuillets de *L'Étranger* en 1942. Ses enquêtes à Sétif pour *Combat*. La trahison de Sartre qui lui avait promis *Huis Clos*. Et sa revanche, avec son imparfait *Malentendu*. Le visage de Gide, si près du sien, lorsqu'ils apprenaient, côte à côte, rue Vaneau, la signature de l'Armistice du 8 mai 1945. Leur respiration commune de cette joie partagée. Alors tout est fini, Hitler vaincu tout peut recommencer ! La paix est enfin là. Vivante. Vibrante. Ces cris de délivrance. La guerre est morte ! Mais le rideau se baisse sur un dernier acte d'horreur. Au Japon les deux bombes de mort. Sur Hiroshima et sur Nagasaki. La mort seule capable de vaincre la mort !

Le théâtre du Monde a fini par fermer. Les lumières par s'éteindre. Et lorsqu'elles se sont rallumées pour Camus à Prague, à Budapest ou à Alger, il n'imaginait pas qu'un jour en Suède, il aurait à s'expliquer. À prendre parti. À justifier sa droiture. Se conduirait-il là-bas en Algérien français ou en Français d'Algérie ?

Dans le compartiment du train pour Stockholm, ni le regard de son épouse ni les visages épanouis de Claude et Simone Gallimard, ceux de Janine et Michel Gallimard lorsqu'il sortait brièvement de son assoupissement, ne parvenaient à le calmer.

Il aurait préféré l'avion bien sûr, mais la médecine le lui avait interdit. Il n'osa sortir dans le couloir, de peur d'y croiser le Docteur Rieux, Paneloux, Meursault ou d'autres de ses personnages qui, il le sentait bien, l'avaient accompagné. Il se figurait les visages de tous ses héros l'observant dans le miroir des toilettes.

Il ne sortit de son rêve éveillé qu'à l'ambassade de France, à Stockholm, le lundi 9 décembre, où se déroula une conférence amicale, soi-disant littéraire. En vérité une première prise d'armes de journalistes suédois, attentifs aux événements algériens, évoquant le silence obstiné de Camus sur le sujet. Il était encore en état d'esquiver habilement les questions délicates.

Il ne s'attendait pas au pire.

Le jour de sa vie, mardi 10 décembre 1957, il reçut son prix Nobel, récompense suprême, comme s'il s'agissait d'un diplôme de certificat d'études, des mains du roi de Suède, au palais des Concerts. Et puisque c'était le jour anniversaire de la mort d'Alfred Nobel un banquet eut lieu, célébrant les lauréats, empingouinés comblés.

Camus, lui, était trop ému pour pleurer.

Il ne savait pas s'il avait apprécié comme il l'aurait dû ce moment-là, ivre de fierté qu'il était de pouvoir rapporter à sa petite maman chérie son prix. Le rouleau de son diplôme serait à encadrer pour la table du salon, à côté de la photo de soldat de papa, au départ du Ier zouave, en 1914, en grande tenue. C'était le nœud rouge entourant son enroulé prestigieux qui seul l'intéressait. Celui-là, il voulait l'offrir à ses jumeaux chéris, d'un coup de ciseaux libérateur pour le scinder en deux. Une moitié pour Catherine et l'autre pour son frère.

Deux jours après, Albert Camus allait rencontrer son destin.

Le 12 décembre, sa propre voix, stridente, s'éleva dans la maison des Étudiants où il prononça ces mots, en réponse à l'agression d'un étudiant algérien : « Entre la justice et ma mère, je choisis ma mère.

On lance des bombes dans les tramways d'Alger. Ma mère peut se trouver dans l'un de ces tramways. Si c'est cela la justice, je préfère ma mère. »

Camus avait aimablement accepté de se rendre à l'université d'Uppsala.

Là, il fut bouleversé de lire la haine insupportable sur le visage d'un frère. Cet étudiant qui l'avait accusé. Sèchement. Et auquel il n'avait pas su répondre comme il l'aurait fallu.

Il est impossible d'imaginer Camus sans réaction. Au moment même où la gloire du prix Nobel l'enivrait enfin, ce coup de poignard l'atteignait profondément.

Au Grand Hôtel, dans la nuit du 13 décembre suédois, il aurait pu se laisser aller à écrire sans mesure ce que son cœur, et non sa tête, lui dictait. Et c'est sans retenue qu'il aurait couché sur la feuille, sous forme de lettre ouverte à cet étudiant algérien, le texte qui suit. « Un combat pour la gloire ». Réservant à la France, et à ses détracteurs, la primeur de sa réaction, il l'aurait publié dès son retour. S'il l'avait écrit.

À seulement une demi-heure de Paris, en pleine nuit, dans la carcasse terrifiante de la Facel Vega, au lieu-dit Villeblevin, à Montereau, où la mort lui donna rendez-vous le 4 janvier 1960, dans l'automobile si racée de Michel Gallimard, à quoi a-t-il pensé en spectre contemplant, la mort à ses côtés, sa dépouille horriblement tordue ? À son stylo Parker, dans la poche intérieure de sa veste déchirée, ensanglantée ? À ses feuillets du « Premier homme » qui resterait inachevé ? Comme sa vie… Ou à ce texte mort-né en Suède ? À ce discours qu'il n'avait donc jamais écrit, dédaignant de se justifier après tout.

La mort avait-elle voulu l'empêcher d'en dire trop ? Ou n'avait-elle cherché qu'à épargner à son œuvre l'humiliation de n'avoir plus rien à dire ?

Bernard Rieux, le héros de *La Peste*, n'a jamais écrit une ligne du roman. Albert Camus a pris sa peau et sa voix pour en faire l'inoubliable narrateur de son chef-d'œuvre.

Albert Camus, le héros de ce *Combat pour la gloire*, n'a jamais écrit une ligne de ce récit. J'ai pris sa peau et sa voix pour lui rendre hommage, et le coucher sur papier par la plume de son vrai stylo Parker que Catherine Camus m'a fait l'honneur de m'offrir au soir de la première des neuf cent soixante-trois représentations de *La Peste*. Chaque soir dans ma loge, en France comme à l'étranger, de Paris à Monte-Carlo, de Genève à New York, de Lausanne à Fort-de-France, de Bruxelles à Washington ou Boston, sur un calepin noir, perdu et retrouvé plusieurs fois, j'ai écrit ce qui m'étreignait dans la peau de Rieux et celle de Camus à la fois. Vous allez donc lire, ou plutôt entendre, ce que j'ai noté non pas à sa place, mais en place de lui. Ici. Sur les planches du théâtre. Le lieu du monde où il a été le plus heureux. Là où il sera, à jamais, vivant. Pour que vous puissiez enfin partager avec lui, par l'au-delà, son combat pour la gloire.

II

Tout avait peut-être commencé à naître en moi sur ce lit improbable en Haute-Savoie.

Je m'étais assis sur ce lit blanc, trop dur sans doute. Ou bien ne l'était-il que parce que j'étais moi-même si tendu. En somme bien plus que lui. Je caressais le drap, sans réfléchir. Pour éprouver le contact de ma chair, posée, en glissant doucement, sur sa fraîcheur.

On pratiquait sur moi des insufflations, comme ils disaient sèchement, de pneumothorax, près de Chambon-sur-Lignon. Au fond des bois noirs du Panelier, aux troncs tendus comme une armée de soldats. Gardes-chiourmes qui parvenaient à m'ôter toute velléité de fuite.

C'est là qu'il m'est apparu pour me hanter. Mon père. C'est bien dans ces instants de solitude que je m'inventais des dialogues avec lui. Et je passais de longs moments à lui faire part de ce que je n'entendrais, ni ne verrais jamais de lui... Je suis parti, le cœur serré, toute ma vie, à la recherche du père perdu. Dans l'espoir de m'y retrouver moi-même. Une tombe à Saint-Brieuc attendait mon père. Pourquoi pas à Calvi ou Metz ? Sa tombe a toujours été dans mon cœur.

Ce père, fauché sur les bords de la Marne. Ô mon père inconnu, martyr défenseur d'une terre inconnue pour lui. Lucien Camus, feu ouvrier caviste, et son épouse ma mère chérie Catherine Sintès. Je n'ai cessé de vous aimer, et de vous perdre.

Et si le soldat inconnu était ce père mobilisé dans le corps des zouaves ? Le « Zouave inconnu ». Devant lequel les têtes couronnées du monde entier se seraient toutes inclinées... Mort des suites de blessures infligées dès la première bataille de la Marne !

Pour m'échapper de lui je rêvais de Belcourt... Quartier de mon enfance, qui ne cessait de m'arracher des larmes. Où j'ai cru croquer le bonheur sur les bancs de l'école communale. Où j'apprenais l'alphabet de la vie : *a* comme Algérie, *b* comme Bourse, et *g* comme Germain, mon instituteur. Mon père de plume.

Une part de moi, close par la maladie, qui en a fait pour toujours sa conquête, ne m'appartiendrait jamais : l'insouciance.

Mon père, Belcourt, Germain, tout m'apparaissait si grave... Un orphelin se sent tout de suite responsable. De lui-même comme des autres. Pour leur éviter de souffrir comme lui.

Tout m'a pesé dans la vie. Alors je ne voulais pas peser pour les autres.

Mais sans monsieur Louis G., jamais je n'aurais pu être boursier au lycée Bugeaud d'Alger. Et sans mon père, mort, je n'aurais jamais éprouvé cette urgence de vivre.

Je ne me suis jamais posé qu'une question au cours de mon existence : pourquoi s'en poser ?

Oui, pourquoi vouloir connaître la réponse à toute chose ? Puisque je ne pourrais jamais répondre à la question qui m'a toujours tourmenté : d'où venons-nous ?

Je n'ai cessé de chercher des raisons à ma présence en Algérie, plutôt qu'à Brest ou à Montélimar.

Je suis né dans le Constantinois en novembre 1913, à Mondovi, le 7. Dans un département français d'Algérie. Mais je ne faisais pas partie des vainqueurs, nés sous une bonne étoile. Je n'ai pas que perdu mon père… J'ai tout perdu dans ma vie.

La santé d'abord, minée par cette fièvre qui ne me lâchera jamais. C'est elle qui m'a forcé de renoncer à passer en Espagne pour me joindre au combat contre Franco, perdu d'avance ; parce que je n'aurais pas pu supporter, dans mon pitoyable état, les mois de prison qui m'attendaient là-bas. Entrer dans les mouvements de résistance aura été ma seule alternative, en toute lucidité, en Haute-Savoie.

Ma vie n'aura été, au demeurant, qu'une succession d'échecs. En vain ai-je combattu le franquisme et soutenu les républicains espagnols. En vain, me serai-je dévoué au combat pour l'émancipation musulmane. En vain, encore, soutenu Mendès France. En vain enfin, défendu cette irréalité fédéraliste d'une autonomie partagée.

Ratissages, mutilations, viols, tortures, menaces, et terrorisme aveugle ; rien ne m'aura été épargné, en ces temps de violence et de barbarie. J'ai toujours eu mal à l'Algérie.

Que m'ont appris mes études de philosophie ?
À s'y soustraire. Et à me perdre dans des petits métiers. Au fil du temps d'un secrétariat de

préfecture. D'une vente d'accessoires de voiture. Au gré d'un courtage maritime. Ou d'un bref passage dans la météorologie.

Ma seule passion intacte restait inassouvie, le théâtre. Et pour finir, le sport. Qui m'a sculpté un corps sain, où je puisais cette énergie à me porter toujours aux avant-postes de la paix. J'ai toujours brûlé de me mêler de ce qui ne me regardait pas. Et de dénoncer ce qui me regardait trop.

Dans le siècle du mensonge, la vérité s'exerce toujours à contre-courant. Parce que la vie est à l'envers bien souvent, injuste et mensongère.

Au Racing universitaire d'Alger, le football m'apparaissait à l'image de la vie, où le meilleur ne gagnait pas toujours et où nul ne pouvait l'emporter tout seul. L'arbitre, comme la justice, avait tort parfois. Et il fallait tant d'efforts pour atteindre son but, tant de chutes ou de maladresses, de mauvais coups ou de hasard pour marquer enfin que la vie allait probablement me réserver les mêmes angoisses et les mêmes joies. Cette vie dont je rêvais en culottes courtes, casquetté, fièrement assis en tailleur dans mon but, veillant dans ma cage sur mes filets inviolés.

Le sifflet de l'arbitre, à la fin du match, me terrorisait, me ramenant à la réalité. La sueur perlait sur mon front, et, m'emparant de ma casquette, je me suis toujours dirigé vers les vestiaires en pensant que la mort aussi, au moment où je m'y attendrais le moins peut-être, sifflerait la fin de ma partie. Et que je serais tenu de me présenter à elle, comme je me tenais, face au tireur de penalty, à mains nues.

Mon obsession légitime aura été de ne jamais prendre de gants dans ma vie, de m'engager clairement. Dans la résistance, sans doute, par exemple, comme lors de mes voyages à Saint-Étienne qui me donnaient loisir de remonter à Lyon pour y retrouver, dans l'ombre, Pascal Pia et René Leynaud, le père Bruckberger toujours vif et courtois, Francis Ponge ou Michel Pontremot, qui sera si lâchement trahi, et abattu.

Je les revois, accusant ces ténors du haut commandement français restés sans voix devant les armées du Reich, leur opposant, avec une guerre de retard, une armée courageuse et incrédule, avec les moyens de 1870 pour entamer 1914, et ceux de 1918 pour 1939.
La politique du gouvernement français en Algérie a eu, là aussi, vingt ans de retard et a couru à sa perte.

Rien dans ma vie ne me semblait échapper à ce retard en tout.
J'étais né trop tard pour connaître mon père. Trop tard peut-être aussi pour connaître la vie heureuse d'un empire colonial disparu.

L'amour, lui seul, était à l'heure.

Simone Hiè. Suicide d'amour. Ma découverte du corps plaisir. D'une femme désir, cristal tendresse et chair à mordre. Je me suis toujours senti impuissant à construire une vie pour deux. Voire une phrase complète, claire et fondée. Il y manquait des bribes, tout s'enfuyait, s'éparpillait en vain, et m'échappait sans cesse. Je n'étais qu'ébloui.

J'ai refait ma vie mais je n'ai rien effacé. Ni nié.
J'ai tourné la page. Sans raturer non plus ce que je n'aurai cessé d'assumer jusqu'au bout : mes choix. Ce qui m'apparaît plus flou ce sont

les motifs qui m'ont poussé à faire ces choix. Il y en a d'inavouables comme chez tout homme, parce que si je n'ai jamais douté de la vie, je n'ai jamais cessé de douter de moi. Je porte la responsabilité entière des peines que j'ai pu infliger aux êtres proches. Et je ne désire pas leur pardon pour mes fautes, puisque je ne me les pardonne pas à moi-même.

Maman, ma petite maman presque sourde, n'a jamais cessé d'entendre son cœur battre pour mon frère aîné, Lucien, et pour moi, son petit si petit.

Je me suis battu sur le trottoir de la rue Aumérat devant la communale. Et je ressens encore mon oreille rougie par l'ongle du gros index de monsieur Germain, qui me l'avait tirée si soudainement.

Je ne peux me raser chaque matin sans craindre de voir apparaître sur ma joue la trace de cette gifle, que tonton Gustave m'asséna, à la porte cassée de la boucherie franco-britannique de la rue du Languedoc, pour être rentré si tard.

Tout m'est resté présent. Et vivant.

Comme je n'ai jamais pu corner une page sans avoir honte, et m'attendre à une sévère réprimande de mon cher Jean. Ami Grenier et grenier d'âme.

Je ne me rappelle plus de l'odeur de la rue Ravignon, mais bien de celle des feuilles, à peine tirées, de *Paris-Soir*. Clermont a disparu mais pas Blida, ni Prague ou Gênes qui battent encore en mes tempes.

Je n'ai jamais choisi mes souvenirs, ce sont eux qui m'ont choisi, à jamais imprégnés si fort en moi.

Mon plus beau souvenir, sans fin : mon équation d'amour, Francine.

Je n'ai jamais été très fort en arithmétique et c'est la mère de mes enfants chéris qui m'a appris, comme à ses élèves, à compter jusqu'à deux.

III

Dieu doit être de l'autre côté du miroir du monde. Lui seul n'a nul besoin s'il existe de s'y contempler. Je n'ai jamais traversé ce miroir de ma vie. La mort m'y entraînera. Mais les hommes de foi s'y reflètent comme tout autre. Et ainsi m'interpellent, eux comme nous. Je les ai parfois vus dans ces cauchemars qui n'auront cessé de me hanter toutes les nuits, yeux ouverts, et se comptent par centaines. L'archevêque de Paris en fut un tenace et répétitif.

Le cardinal Emmanuel Suhard, à Paris, n'a, à aucun moment, élevé la voix pour s'opposer aux persécutions nazies ou vichystes. Par quel aveuglement, par quelle justification pourrait-il convaincre toute belle âme de lui pardonner cette attitude scandaleuse, dégradante pour un simple chrétien, pour qui la mort des autres est une souffrance insupportable et à qui rien ne doit faire peur ?

La complicité muette de l'archevêque de Paris est donc manifeste à chacun. Et elle ne déshonore pas que lui-même, mais ceux qui, comme lui, dignitaires ou non, acceptèrent sans dire un mot qu'en cette nuit de plomb le visage écrasé par les coups de talons de la botte nazie, les membres déchiquetés par la milice et trahie par un État complice, qu'en cette nuit sans fin, la France soit violée et éventrée par les SS et la gestapo. France hagarde et désespérée, France trompée.

A contrario pour l'honneur de leur foi, comme pour celui de leur patrie, des centaines de prêtres s'offrirent au peuple et sauvèrent des vies, ou, comme l'admirable monseigneur Jules Saliège, archevêque de Toulouse, risquèrent la leur dans la gloire. Dénonçant publiquement en chaire, le 30 août 1942, les mesures antisémites. S'opposant sans cesse, dans sa lettre diocésaine, aux ignominies nazies, vichystes ou miliciennes.

Monseigneur a courageusement fait entendre la voix du Christ. Voilà où aurait dû commencer le vrai devoir du pape Pie XII. S'opposer à l'horreur, sans crainte.

Ce que Sa Sainteté n'a jamais fait. Avoir peur, pour un chrétien, c'est trahir sa vocation d'élever le cœur de l'homme, de purifier son esprit, de dénoncer le mal où qu'il se loge, et à quelque hauteur que ce fût.

Force est de reconnaître que, dépositaire du message de bonté le plus pur que l'humanité ait connu, la plus haute autorité spirituelle sur terre s'est tue. À son devoir intemporel qui eut été de refuser les forces du mal, de les stigmatiser, de se porter soi-même au-devant des victimes, d'en assumer le destin et de le partager le premier, le pape a choisi au contraire, en temporisant, de concessions en soumission, de trahir sa vocation première de sacrifice et de partage. En ne s'opposant pas à l'horreur et à la destruction, en feignant d'ignorer ce dont il était parfaitement au courant dans son quotidien engourdi.

Oui, la plus haute autorité spirituelle du monde s'est contrainte au silence. Sans jamais condamner ouvertement, en termes clairs, sans aucune interprétation possible, les machines de mort et les monstrueuses dictatures qui ensanglantèrent le monde, broyant la foule des hommes. Elle n'a jamais réagi à ces millions d'enfants et de mères, ces proies sacrifiées, torturées, décapitées, comme Bertie Albrecht le 6 juin 1943, en Belgique, par les nazis. Ou celles violées, brûlées, déchiquetées, comme ces enfants gazés au crématoire d'Auschwitz.

En vain les enfants du Christ ont attendu, pendant des années, que la voix du pape s'élevât pour oser dénoncer le Mal là où il se trouvait, et quand il triomphait, écrasant les forces du bien.

Le Ciel lui demandera des comptes. Et nous nous en réjouirons ; s'il existe un ailleurs, où nul ne peut échapper au jugement final. Souhaitons-le équitable.

Jésus, lui, s'est fait entendre. Comme un homme, ou plus qu'un homme.

C'est de l'intérieur même du monde catholique que le Christ sauveur, libérateur et sacrifié, se fit entendre avec un courage exemplaire... Pour être ce frère au visage défiguré par les balles ; cet autre aux ongles arrachés ; celui-là encore lacéré, défenestré. Le Christ ne cessa jamais, en eux, et pour eux, d'être présent. Et il sut les rendre plus forts que leur misérable condition, pour surmonter les tortures ou les abandons.

Le Christ, lui, a osé rejeter la peur, cette lâcheté qui fait les traîtres et défait les hommes. Jésus de Nazareth n'aurait jamais pu croire qu'un jour le christianisme, lui-même, avorterait de l'Inquisition.

Que la religion deviendrait assassine. Torturerait et brûlerait des martyrs.

Il nie la modération dans notre monde qui ne saurait se satisfaire d'âmes tièdes. Alors que nous devons tous, d'un cœur brûlant, ne jamais nous laisser confondre par les forces conservatrices qui prolongent les injustices, ouvrant ainsi des perspectives qui peuvent s'avérer terrifiantes pour l'humanité.

La paix n'est pas le seul combat qui mérite d'être mené. Elle doit s'effacer devant le progrès social. Forcer les hommes à prendre leurs responsabilités, au milieu des décombres s'il le faut. Isolés sur des terres ingrates parfois. Sous un ciel avare. Pour devenir des hommes de vérité, sur cette terre de souffrance.

La religion ne prétend pas être un remède à la solitude. Au contraire, elle l'engendre. Parce qu'elle la justifie pour se purifier. Être puni pour ses propres fautes, c'est ne pas vouloir endosser celles des autres. La punition décape bien l'existence, mais elle en souligne en même temps la vanité.

La logique politique ne va jamais sans arrière-pensée. Je l'affirme avec l'humilité qui convient. Je me refuse à désespérer de l'homme, si l'homme se décide enfin à ne plus laisser Dieu décider pour lui.

Le chrétien accepte de se sacrifier. Fondée sur la soumission au sacrifice, cette religion semblait devoir triompher de tout. Puisque la vie ne répond à rien. Rien de logique et rien de sûr. Or, bâtir sa vie – donc celle de ceux qui vous entourent –, voilà l'essentiel de ce qui fait un homme libre.

Quel homme peut se vanter de l'être en ce moment, en Algérie française, où tout dérive, où tout lui échappe ?

Je refuse de me réfugier en Dieu, pour mieux nier la vie, pour la punir, lui échapper.

J'entends dissiper ces légendes dont on nous entretient, pour préserver ce capital d'espoir qu'une autre vie existe. Je ne veux pas rompre déjà les amarres de la vie. Je cherche au contraire à m'enraciner chaque jour davantage dans le quotidien. Et surtout, que mes livres n'aient jamais fini de vous interroger.

Je n'ai jamais trompé que mon ennui en écrivant. J'ai voulu rester ce jeune rebelle de vingt ans, auquel je n'ai jamais dit adieu, qui se promenait sur le Chenoua. Seul, au café de Céleste. Ou dans le quartier de la marine, à l'arrière-salle du bistrot « Les bas-fonds »… Avant de passer chez Cardona, le tonnelier. À la boucherie Acault. Ou de retourner les meubles dans l'appartement de Belcourt.

Heinrich Himmler, ce bâtisseur de camps d'extermination, ce criminel inouï, aux millions de victimes atrocement disparues, n'était qu'un homme pleutre et sensible, qui n'hésitait pas à passer par l'arrière de sa maison, chaque nuit, pour emprunter la porte de la cuisine, afin de ne pas réveiller son canari préféré.

Le tortionnaire n'hésite pas, lui, à s'introduire par effraction dans l'âme de sa victime. Lorsque cette proie a la foi forgée en elle, les menaces dont use le bourreau ne sont entendues que par lui seul. La foi proscrit la faiblesse. Elle ne s'abandonne jamais à la fascination du mal. Elle libère l'homme du poids des vanités et lui garde le goût du bonheur. C'est sa plus belle conquête, et Dieu n'a rien à voir là-dedans.

Mêler Dieu au bonheur me fait passer du souci de la vérité au réflexe de l'intransigeance vis-à-vis de cet intrus céleste, qui n'aura rien fait pour cette victoire de l'homme seul.

Ai-je vraiment besoin d'expliquer, à ceux qui refusent de l'entendre, ce qu'il adviendrait de la liberté de l'art, si ceux qui tuent au nom de Dieu régnaient en maîtres à Paris ?

N'en doutez pas, il existe réellement une limite précise au-delà de laquelle plus rien ne sera possible. Il est d'incurables cécités. Ouvrez les yeux. La foi donne un regard aux aveugles. La foi en l'homme aussi.

Les assassins de Dieu m'ont appris à mesurer la profondeur du puits de leur folie. Il n'y a aucune vérité au-dessus de la vie d'un homme. Ces criminels entendent sacrifier des vies pour Dieu ; dès lors, Dieu ne peut plus être vérité pour moi.

Je n'accepterai jamais un monde qui se mette dans l'obligation de condamner un homme à mort. Je n'oublie pas que la politique honteuse de Vichy a séduit ses plus chauds partisans en Algérie. Et qu'elle perdure encore dans les quotidiens, à l'exception d'*Alger républicain* et d'*Oran républicain*.

La collaboration de Pétain a soufflé son haleine fétide sur toute la corruption, la rancœur, le déchaînement de haine des années noires. Le racisme, cette pierre lâchée dans les eaux dormantes du socialisme, a fini par réapparaître. Et le vertige a saisi la France. Brusquement, tout s'est effondré.

Tout est devenu fuite, trahison, abandon, complaisance. La peur a tout empoisonné.

L'injustice était en marche. La haine avait faim.

Le temps était bien loin où je donnais le meilleur de moi-même au mouvement antifasciste Amsterdam-Pleyel, en 1934, lorsque je croyais encore tout possible.

Rien à mes yeux ne vaut l'indignation, quand elle se justifie par le bon sens et l'équité.

Toute vraie morale se moque de la morale, lorsque celle-ci n'est pas libératrice ou salvatrice.

Elle se moque aussi de la peur, cette absurdité familière. L'ironie m'a toujours été précieuse, et c'est elle, même si on ne la mesure pas assez chez moi, à mon goût, qui à mes yeux aura justifié, passé l'adolescence, mon impassibilité d'homme face au miroir déformant d'une société si décevante. Je me suis, grâce à elle, distancié de tout ce qui ne méritait pas qu'on s'y attarde.

Si l'on ne peut imaginer lucidement un monde sans violence, on peut croire en un monde qui refuserait la légitimation de cette violence. C'est le seul moyen d'en limiter les effets terrifiants. C'est peut-être aussi cela la jeunesse : savoir, quand il le faut, se détacher du monde.

Pieds nus sur les pierres chaudes, humant les parfums d'été par bouffées entières, je savais alors déjà que l'on ne pouvait être heureux qu'aux dépens de quelqu'un. Que l'amour ne se gagnait qu'à force de renoncements et d'équivoques. Et que si je ne voulais pas m'avilir dans ma vie ou ramper, je devais, comme les lignes apaisantes des collines lumineuses du désert de Djémila, dessiner mon destin. En ne comptant que sur moi-même, avec patience et honnêteté. En choisissant aussi mon identité.

Français ou Algérien ? Je m'interdisais de trancher. Jeune.

J'ai pris le parti de trancher pourtant dans ma vie, comme le 23 août 1939, jour du pacte conclu entre Staline et Hitler, qui me détacha à jamais du tyran soviétique.

La défaite française de 1940 alimenta l'espoir d'une fédération panarabe : Arabie Saoudite, Irak, Jordanie, Yémen, Syrie et Liban.

L'Union soviétique en profitera habilement, à coup sûr. Elle nous retrahira, pensé-je alors. N'avais-je pas moi aussi été si naïf, comme les autres ?

Mais qui savait, à l'époque, que Staline avait osé tenir un discours effrayant, affirmant qu'il comptait sur les communistes français pour démoraliser l'armée française ?

IV

Des rives d'Algérie où je suis né, j'ai voulu voir distinctement le vrai visage de la France se reflétant à l'orient, à nu. C'est de la vérité de l'Algérie dont je veux parler.

Cherchez la vérité, elle vous échappera. C'est en la laissant venir à vous qu'elle vous interpelle. J'ai toujours relevé chez mes confrères beaucoup de suspicion à mon égard dans les propos tenus sur les pieds-noirs aux terrasses des cafés du boulevard Saint-Germain.

Je ne perdrai jamais de vue la vérité de mes origines. Je fais partie du peuple. Mais d'abord, qu'est-ce que le peuple ?

Ce qui dans une nation n'acceptera jamais de s'agenouiller, quand bien même son désarroi serait immense. L'Algérie ne s'agenouillera jamais.

Ma terre natale connaîtra, sans fin, un malheur incessant dans les convulsions du temps. L'Algérie compte neuf millions d'habitants. Huit millions d'Arabo-Berbères. Un million d'Européens.

La partie arabe la plus importante est dispersée dans l'immensité de la campagne algérienne, et ses douars qu'on a rassemblés en communes mixtes.

Il y a là une conséquente masse de frères arabes asservis.

La nourriture de base est le grain cuit en galette et en semoule. Le cruel manque de grains attise la famine. Comme sur les hauts plateaux de l'Algérie, quand il ne pleut pas. Terres sans fin, au blé rasé, à l'épi étouffé par ces coquelicots qui le recouvrent jusqu'à l'horizon lointain. Les semailles du printemps révèlent ce sol craquelé, si asséché, si ridé que le soc de la charrue pulvérise. Soulevant sans retenue la poussière grise. Chaque récolte est pire que la précédente, malgré le doublement des attelages plus impuissants.

Plus qu'un fléau redouté, la faim constitue une humiliation. L'Europe, si elle le voulait vraiment, pourrait la combattre. Comme elle tente bien d'y parvenir chez elle. C'est ma conviction secrète. La vérité de la France a toujours été de s'édifier contre les forces de mépris et de destruction. France généreuse, mère d'espoir.

Mais Vichy a trahi cette vérité-là.

L'aube va poindre où l'Europe, fumante de millions de cadavres, se relèvera de ses cendres pour clamer sa fidélité à l'homme.

Ce sera le temps de la réconciliation à laquelle ce continent aspire déjà.

Cette grâce risque de se dissiper. Ce qui caractérisera les temps futurs, c'est que la politique devra se situer sur un plan moral. Assumer ses responsabilités et les sacrifices qu'elle devra imposer aux peuples.

La révolte rejette toutes les servitudes. Ce sont les prisons de la haine qui rendent fous. France et Allemagne se trouveront un avenir commun.

La tyrannie ne pousse pas dans le jardin des régimes totalitaires, mais s'élève du fumier des déchets de politiques désastreuses. Où s'accumulent les fautes des libéraux qui s'avèrent être parfois de véritables crimes, parce qu'elles les justifient *a posteriori*.

Cette société politique suscite le dégoût profond d'un peuple de victimes, qui désespèrent de leurs dirigeants qui ont fait du régime démocratique une machine à broyer les hommes. Incapables de consacrer leur bonheur, ni même de le préserver.

Rassasié de mensonges et de malentendus, écœuré par la violence et le mépris qu'on lui porte, le peuple n'accepte plus de céder sur le terrain essentiel de la dignité. Et chacun, au fond de l'âme, attend la délivrance, pour que l'esprit de liberté s'incarne dans notre République.

Ce n'est plus la haine qui parlera demain, mais la vérité des hommes. L'amour. Fondé sur la mémoire collective au nom du pardon, pour refuser de dégrader l'âme de notre ennemi, et parvenir courageusement à en faire un frère. Malgré son cœur, ravagé par l'humiliation du criminel vaincu, et par le mépris qu'il se porte ainsi à lui-même.

La loi de l'Histoire réclame toujours à l'homme des sacrifices démesurés. Des millions de victimes parfois. Pour un progrès d'un seul pas en faveur de l'humanité tout entière.

Admettons-le, sans amertume : une force intérieure, qui dépasse l'homme, le pousse à sacrifier sa vie. Parfois pour un avenir incertain, auquel il ne saurait appartenir. Il rêve d'une vraie démocratie populaire. D'une constitution républicaine où la liberté est garantie, comme le libre droit pour chacun de décider de son destin, et de dire, sans détour, ce qu'il a sur le cœur.

Il est certaines faiblesses qui nous sont interdites : la première était d'accepter la défaite, la seconde de l'avoir provoquée.

La France ne se reconnaîtra jamais dans son passé vichyste, qui l'a déshonorée, violée et trompée.

La vérité du moment n'est jamais suffisante. C'est celle du lendemain qui prévaut sur tout. Tout politicien doit être tourné vers l'avenir. Ce qui ne signifie pas qu'il doive pour autant en perdre la mémoire. Ni s'imaginer être le seul à détenir la vérité absolue. Les réponses que l'on daigne me transmettre sur l'avenir de l'Algérie vont le plus souvent dans le sens de mes inquiétudes. Cette vie libre où j'ai grandi a disparu à jamais, je n'en doute plus.

Il reste l'aurore de cette résistance où se sont levées et sacrifiées les belles âmes.

Le juste se sacrifie parce qu'il sait qu'un autre après lui prendra sa place, et se sacrifiera à son tour. Ainsi en sera-t-il, jusqu'à ce que la force se lasse. L'âme humaine est le seul océan sans limites. Donc, tout lui est permis. Il n'est pas d'infini qu'elle ne puisse atteindre. Jusqu'à l'imaginer un jour en son pouvoir.

Pétain bénissait l'État français pendant que la milice et Laval assassinaient ; comment leur accorder l'indulgence et l'oubli ? La vérité osera tout dire, pour l'amour de la France.

Il est facile d'éprouver cet amour par la vérité d'un regard ; celui d'un être qui veut rester un homme avant tout.

Comme lui, la France entend rester elle-même, une nation libre. Courageuse et honnête. Une république, pas un État collabo.

Le Front populaire avait trahi l'Espagne, comment ne pas s'attendre à ce que l'État vichyste trahisse la République française ?

Je ne suis pas assez naïf pour accepter innocemment la mort comme seule puissance de réconciliation. Le glas de bien des espérances m'empêche de pardonner aux morts, comme aux vivants, de la tyrannie.

Vivre comme si tout devait aller mieux demain devient indécent dans ce monde déchiré par la violence, qui ne peut plus rien contrôler, monde irrespirable. Nul ne peut s'échapper indemne de la misère commune.

Moi aussi, j'ai vu des enfants morts qu'on tentait à coups de talons de faire entrer dans des cercueils de fortune. J'ai senti sur mes mains couler le sang chaud des gorges qu'on venait d'ouvrir. Moi aussi je me jurais qu'au fond de moi-même je ne deviendrai jamais un homme de haine, mais de justice et de mémoire.

L'homme révolté l'est d'abord contre lui-même. À ce prix, il a toutes mes faveurs.

Il ne connaît pas le piétinement ni l'essoufflement de l'inspiration.

L'initiative ne lui échappe jamais, et on n'y flaire aucune contrainte.

Oui, révolté, je le fus. Quand des républicains espagnols furent livrés à Franco par la France. Et fusillés, comme Luis Companys. Ou quand, en 1938, le poète Machado, interné dans ce camp de concentration d'Argelès n'en sortit que pour aller mourir à Collioure.

Je ne trouverai jamais ce soleil de l'esprit dont j'ai toujours rêvé. Chaque souffrance lointaine, chaque torture terroriste, chaque défi à la dignité de l'homme se répercutera dans la vie de nos enfants. Et dans celle des enfants de nos enfants.

L'éternité n'est pas ce qu'il y a devant nous, mais derrière. Ce qui nous a été laissé. Pour que nous puissions bâtir l'avenir. La liberté se mérite. La solidarité dans la souffrance est la seule force des opprimés.

Si Vichy nous laisse tant d'amertume, si Pétain et ses complices déchirent encore tant de Français, c'est que leur plus grand crime fut de rejeter l'espoir. Tout espoir. Valet de l'ennemi œuvrant sans faillir à ses infamies, y ajoutant les siennes, Vichy renforça les chances annoncées de la victoire hitlérienne.

La philosophie prête à réfléchir. Mon œuvre prête à réflexions. Réfléchir capte l'intelligence. La réflexion est toute sensibilité.

Réfléchir c'est prendre son temps. La réflexion c'est le devancer. Réfléchir m'a toujours fait hésiter. Sur tout. La réflexion m'a au contraire empêché d'attendre. Elle m'a forcé à agir, que je le veuille ou non.

Mon respect pour de Gaulle comme pour Mendès France, ne fit pas peu pour irriter à mon sujet mes bons amis de gauche ou de droite.

V

La droite se méfie du roi nu que je suis, au soir de ce couronnement nordique qu'on s'est autorisé, pour honorer en moi l'Algérie française.

La gauche, elle, me conspue comme un désuet prédicateur de la Croix-Rouge, ou me fait porter les oripeaux d'un bourgeois en colère qui s'essouffle au service d'une œuvre académique paresseuse et répétitive. Leur jalousie est si flagrante qu'elle rassure.

Quelle est donc cette Algérie que la France s'attache à préserver par-devant et à trahir par-derrière ?

Le Français d'Algérie a-t-il une juste idée de son destin ?

Comment échapper aux perspectives effrayantes qui s'offrent à lui dans ce monde fracassé contre le mur du racisme et de l'incompréhension, qui le harcèle plus qu'il ne faut ?

Il n'est coupable que de son innocence envers ses dirigeants, auxquels il faisait confiance pour présider à son avenir. Lorsqu'un million de Français, un million et demi pour être exact, se considérant depuis plusieurs générations Algériens français, attachés à leurs racines, nourris de leur terre, vont être déracinés et jetés à la mer, c'est là l'affaire de tous les Français, d'ici ou d'ailleurs. Parce que cette ignominie, cette stupidité, cette faute ne réglera rien. Parce que cette injustice finira par se payer d'ici plusieurs générations. Jugée par les Arabes, eux-mêmes, comme un aveu de la culpabilité française et de son impuissance.

La France s'est rendue à l'ennemi nazi.

Or, le dernier mot revient toujours à ceux qui ne se rendent jamais. À ceux qui mènent un autre combat, celui de la guerre dans la vérité. Chacun reçoit-il toutes ses chances ici ? Certainement pas, dans ce pays où la majorité des Algériens est maintenue dans une condition indigne sous le joug d'une minorité, qui elle, s'attribue sans gêne aucune tous les privilèges.

Que l'on ne s'étonne pas alors que cette majorité asphyxiée se soit préparée au sacrifice et aux actes de rébellion.

La tentation de la violence peut alors se comprendre, même si elle reste inexcusable. On ne peut maintenir indéfiniment un peuple dans la servitude. Soutien du terrorisme, malgré lui, son honnêteté n'affleure dans ses propos qu'à de trop rares instants.

Le problème algérien n'est pas celui de la colonisation, abusive et réductrice, qu'on met en avant pour détourner notre attention de ce qui nous interpelle davantage, à savoir qu'avant de constituer une menace probable, la religion est devenue l'enjeu historique du destin africain.

Nos bienveillantes élites de l'Odéon et de Saint-Michel, avec ce détachement au mal qui ne dure qu'un moment, ont l'ironie acide, avec le temps. Le sourire s'efface. La lassitude gagne. Toute prise de position réaliste ne peut s'élaborer que dans le doute, jamais dans les compromis, comme ils le prouvent obstinément par les leurs.

La défaite sans appel de la France lui a fait perdre non seulement son prestige auprès du peuple arabe, droit et viril, mais aussi sa crédibilité à conduire le quotidien de chacun. N'ayant plus le pouvoir d'étaler sa force, la France collaboratrice a étalé son arrogance, faisant preuve de son incapacité notoire à recevoir un appui sur des colonies réalistes, dont les intérêts sociaux, comme moraux, ne pouvaient nullement coïncider avec ceux d'un gouvernement vichyste, traître et criminel, la déshonorant et salissant l'empire.

La vérité s'impose à nous, et nous indispose.

Ma haine pour Vichy ne se résorbera jamais. Elle inondera mon cœur jusqu'au bout de ma route. Je ne ferai silence sur rien. Tout ce qui touche à cette époque me parle. Si dure que soit la vérité, il faudra l'accepter. Le meurtre était légitimé. La vie humaine quantité négligeable. Les chiens du pouvoir pissaient sur les ruines du Front populaire. Leurs mensonges auront tout emporté. Ils nieront toujours leur responsabilité.

Ils nous serviront cette planche de salut des hauts responsables : les bons sentiments, les belles paroles. Cette prostitution des consensus émotionnels d'une Assemblée nationale incapable de surmonter sa peur, qui tend la main pour mieux étrangler l'immense foule des humbles. Cette foule a désormais besoin d'un guide.

Qui lui permettra de sortir de son état de torpeur ? La tyrannie s'est édifiée sur les manquements des libéraux. L'État n'est pas une entité supérieure qu'il faut servir. C'est au contraire l'État qui doit servir une politique cohérente, réclamée par le peuple. Ce peuple de millions d'êtres qui font la matière même de l'Histoire et dont il faudra bien un jour tenir compte, malgré tous les mépris.

Peut-on faire quelque chose pour le bonheur des hommes sans faire couler le sang ?
Bonheur d'autant plus pur qu'il est inaccessible. Les politiciens ont toujours cédé à la fuite en avant. Ils ont la consistance du vent. Leurs effets sont aussi dévastateurs que lui, parfois.

La société des hommes a du sang sur les mains et ne s'arrêtera pas à si bon compte.

Est-il encore possible de créer une autre société plus juste, plus honnête, au milieu d'une société qui s'est déjà condamnée elle-même ?

Il n'y a qu'une véritable humiliation en amour, donc en art : l'indifférence. Être enlisé dans l'erreur du mauvais choix. Se tromper d'amour.

Mon angoisse n'est pas de vieillir mais de rajeunir. D'oser prendre des risques inouïs. De tout entreprendre alors que je n'en ai plus la force, ni le courage, même si je feins, habilement, d'en avoir l'envie.

Ma lâcheté m'étreint par sa persévérance. Elle a su rider mon cœur bien plus rapidement que mon visage. Cœur qui grimace en vain, qui ne sait plus sourire, qui révèle toutes mes contradictions, par quelque côté que l'on considère mon œuvre.

Les mots, ces fruits de la pensée, finissent aussi par pourrir.

Sceptique par tempérament, je me suis efforcé de rester lucide, en conscience.

L'ordonnance du 7 mars 1944 du gouvernement provisoire du général de Gaulle abolissant l'ensemble des mesures d'exception contraignant les musulmans à ne pouvoir avoir accès à tout emploi civil ou militaire, a été reçue comme l'espoir retrouvé d'offrir à leurs représentants une présence, passant dans toutes les assemblées locales du tiers aux deux cinquièmes.

De Gaulle faisait déjà preuve, par là, d'une autorité sans réplique, d'une clairvoyance nécessaire et d'une honnêteté à toute épreuve, bien incongrue en politique.

Les musulmans, rejetés dans la plus vaine des solitudes de citoyens méprisés par Vichy, pouvaient enfin se sentir concernés, respectés et solidaires.

Tout progrès politique se fonde sur une réelle révolution morale qui lui procure alors sa vraie dimension populaire. De Gaulle offrait à la politique un visage humain et fier.

C'est l'honnêteté que le peuple revendique et revendiquera toujours. La personne humaine figure tout ce que je défends le plus au monde.

Le réalisme politique dégradant n'excuse en rien que des politiciens aient passé leur temps à cacher la poussière sous le tapis, préférant laisser à d'autres le soin du ménage, les réformes à assumer, les doléances à supporter.

La vie n'est qu'un jeu de cartes. On finit par croire le paquet inépuisable, on se rassure en tenant ses cartes bien en main, mais la mort, notre adversaire, finit toujours par remporter le dernier pli.

Ma grande infirmité ? Ne jamais renoncer. Écrire c'est témoigner. La vie parle à l'écrivain, c'est pour ça qu'il en parle.

Je voudrais me vider les poches, jeter mon œuvre, l'oublier, pour les remplir à nouveau. La perte de tout serait le vrai bienfait.

Peut-être était-ce le seul moyen d'enrichir enfin mon œuvre, que d'aller jusqu'à perdre la vie ?

De la laisser enfin vivre, elle. Sans moi. Sans cette ombre maladive qui a tant porté d'échecs aussi, avec cette obsession de chercher impérativement à laisser quelque chose derrière soi.

Depuis trop longtemps je n'ai cessé de remplir de fausse monnaie mes poches.

De mettre les pas dans mes pas. Je revendique la liberté de m'égarer. Ailleurs qu'en moi-même. De me perdre même. De me retrouver face à un autre. Échapper surtout à la vocation littéraire !

J'admets la vacation plutôt : aller sans but, n'importe où, n'importe comment, avec n'importe qui et pour n'importe quoi mais y aller vraiment, et s'y égarer.

J'ai toujours eu le goût de l'amour, mais pas le goût du meurtre.

Si j'ai tant le goût de l'obscurité d'âme, c'est pour y dénicher enfin, aussi infime soit-elle, la lumière qui s'y trouve !

Le bonheur est muet. C'est le mal qui nous parle.

Le bonheur est sûr de lui. Le mal s'inquiète, il ne sait pas où frapper.

Mais une fois sa décision prise, il ne lâche plus sa proie.

L'Histoire aujourd'hui marche lentement parce qu'elle se soutient des béquilles de la peur : humiliation et intimidation.

Une à une les pièces du puzzle de la démocratie se retournent et découvrent leur véritable face. Ceux qui ont tout garderont tout. Ceux qui n'ont rien n'auront pas davantage.

Les dirigeants démocrates ont éludé les questions qui se posaient à eux parce qu'ils n'avaient pas les moyens d'y répondre.

La prééminence de la société occidentale sera remise en question bien avant un siècle et sa chute est aussi inévitable que le fut celle de l'Empire romain.

Mes souvenirs ne dorment que d'un œil – le mauvais.

Le bon reste ouvert sur le monde.

Et le monde change.

VI

Si les terroristes pouvaient effacer toute trace de Mozart, de Shakespeare ou de Picasso, ils le feraient sans hésiter. Ne l'avez-vous pas saisi ?

Le temps est venu, avant qu'il ne soit trop tard, d'arrêter l'hémorragie. De lutter contre notre anéantissement. Et la disparition définitive de nos valeurs humanistes.
La subtilité de ceux qui veulent nous détruire consiste à nous culpabiliser. À nous faire porter la faute de notre propre perte. À s'innocenter, eux.

Nous serions coupables de ce qui nous arrive. Ce ne sont pas leurs armes qui viendront à bout de nous, de notre société, de notre culture, ce sont bien les nôtres, nos armes qui nous auront détruits, dont la plus efficace, la plus dangereuse, la plus inattendue de toutes est d'évidence notre conscience.

Lorsque la mémoire collective est frappée de paralysie notre propre conscience se trouve en danger.
Cette conscience qui nous accuse et les absout. Nous avons été incapables de réagir à temps. Non pas contre eux mais contre nous, contre nos insuffisances.

Trois milliards d'êtres humains crèvent de faim.

D'autres centaines de millions meurent de pauvreté. Ou infectés des innombrables pestes du monde.

Le malheur de cette terre des hommes me pèse. Notre improbabilité à éradiquer le cancer sans doute.

Nos frères humains par milliers torturés, humiliés, massacrés, bombardés, asphyxiés, écrasés.
Laissés pour compte, égorgés, humiliés, oubliés, effacés.
Cette conscience sourde et muette, complice de notre lâcheté, n'accepte plus notre léthargie.

Le combat pour la gloire de l'homme va recommencer.

L'heure est enfin venue d'agir fermement, sans céder, sans excès, sans retenue non plus.
Le mot vaincra le feu.
Armés de conviction profondes, nous justifierons tous nos actes.
Nous n'hésiterons plus pour mettre à bas ceux d'entre nous qui trahissent notre humanisme.
Cet humanisme que nous servirons par nos actes, pour faire triompher notre révolte.

Cesser d'accepter l'inacceptable. Ne plus faillir à notre devoir de conscience envers l'homme. L'avenir frappe à la porte de notre seul devenir, l'humain. Agissons pour lui.

Dans ce monde de sang, de bombes et de guerre, de culpabilité partagée, seuls les morts deviendraient-ils innocents ? Certainement, si nous poursuivons notre entêtement à ne pas réagir.

Respecter la nature, oui ! Mais comment, si l'on ne respecte pas l'humain ?

Le salut des âmes ne passe pas par le salut des armes, qui me donnera toujours la nausée. J'en appelle à un renouveau complet de la fonction politique laïque et républicaine.

Il ne saurait passer que par la vérité proclamée et la réconciliation de tous les Français.

Chaque république porte ses amertumes, paralysée par ses manquements, sa corruption et ses mensonges. On a beau maquiller le cadavre, le peuple voit tout et ne s'y reconnaît plus.

La chirurgie des réformes vient toujours trop tard.

La justice obstinée n'est légitime que si elle mêle l'intransigeance à la compréhension.

Hommes de la IVe République française, à force d'entêtement et de surenchère dans l'obstination, vous n'êtes parvenus qu'à contraindre les millions d'Algériens, acculés, à choisir pour leur salut des solutions extrêmes. Qui n'iront qu'à l'encontre des intérêts de leur propre nation et n'aboutiront, si vous ne réagissez pas, contre vous-mêmes, et non contre eux, qu'à la guerre.

Oserai-je dire qu'aucune guerre ne se gagne ? Et si les guerres ne se gagnent pas, elles se perdent, à deux. Le prétendu vainqueur s'humilie devant sa victime, et, en s'obligeant à la relever de ses souffrances, se force à baisser la tête devant elle qui, au contraire, se redresse toujours pour renaître. Le soi-disant vainqueur paye au prix fort son succès, montré du doigt pour ses certitudes, méprisé pour son arrogance, tentant de justifier en vain ses dérives criminelles, parfois pour obtenir rapidement la victoire.

Une politique comme la nôtre se juge et se condamne elle-même. Elle pousse à croire que rien ne pourra plus rompre ce cauchemar du terrorisme.

Vous avez couvert l'Algérie d'une nuit de désespoir qui n'engendrera que la violence de combattants éperdus, sourds à la raison. Chaque torture légale certifiée, chaque répression irréfléchie, sans compassion ni compréhension, et sans explication, rendront les tueurs encore plus sûrs du bien fondé de leur lutte. Et l'escalade se poursuivra sans fin, engrenage fatal de haine, sans retour possible.

Vous étiez responsables de dix millions d'individus. Vous les aurez trahis. Des deux côtés. Votre richesse recouvrant généreusement, à temps, le continent africain, la haine serait devenue caduque.

Je ne sais si le viticulteur bordelais de Pontet-Canet réalise, au moment de nouer sa serviette, confortablement installé après une journée de dur labeur, que de l'autre côté de la Méditerranée, et pourtant toujours en France – non celle d'Aliénor d'Aquitaine mais celle d'Abd el-Kader –, la ration attribuée à l'indigène n'est que de deux cent cinquante grammes par jour pour deux repas, et qu'il n'en reçoit, à vrai dire, que cent, au mieux cent cinquante. L'homme de souche européenne, lui, jouit du double ou du triple.

Ce peuple algérien ne marchandait pourtant pas son sang à Verdun et la plupart de nos frères algériens y sont tombés en première ligne.

Comme mon père.

VII

LES FRANÇAIS ne sont pas censés ignorer que des centaines de milliers d'Arabes se sont battus et sont tombés pour la France durant les deux grandes guerres. Et je n'y insisterai pas davantage.

Qui peut excuser l'invraisemblable méprise de la Métropole à propos de l'Algérie, voire de toute l'Afrique du Nord ?

L'assimilation n'aura donc jamais pu devenir une réalité accessible, mais bien la superposition inappropriée d'une identité usurpée sur une autre. Ineptie mensongère au service d'un dialogue de sourds. Si tu n'es pas moi, va-t'en ! Or, être soi n'est-ce pas se voir offrir d'abord l'égalité des droits civiques ? Une politique sociale d'égalité ? L'élargissement des droits municipaux indigènes ? Défendre et honorer ceux qui ont combattu pour la France ?

Un million et demi d'enfants musulmans sans école espéraient de la république des instituteurs, des écoles et la reconnaissance. Leurs aînés réclamant justement une constitution sans faille, élaborée par une assemblée constituante élue au suffrage universel par tous les Algériens. Leurs parents espérant un gouvernement général d'alliance entre ministres français et arabes.

Ce parlement arabe serait composé par moitié de chaque parti, algérien et français, luttant pour les conquêtes sociales tant attendues : disparition de l'inégalité des salaires, comme des pensions, ou des allocations militaires, relèvement d'une condition si précaire.

Grâce à ses particularités propres, cette Algérie républicaine en serait d'autant plus unie à la France. Le poison de l'assimilation serait alors éradiqué, sans équivoque. C'est cela qu'il faut crier le plus haut possible. La partie pour que cette terre soit maîtresse d'elle-même, union des deux communautés, est engagée. Nous affirmons qu'il faut la mener à son terme. Il est une Algérie colonisée dont nous ne voulons plus, parce qu'elle consacrerait notre démission et la fin de tout espoir de bonheur.

Les Français n'ont jamais saisi à quel point leur administration complice et le pouvoir politique coupable ont failli à leurs charges, avec autant de stupidité que d'inconscience. Ma position ne variera jamais sur ce point.

Il y eut un temps où 80 % des Arabes eussent été fiers d'être citoyens français. Désormais ils ont compris qu'une grande partie de la république considère l'Algérie comme une terre de conquête soumise, dont les ressortissants, Arabes, pour la plupart, devaient être privés de leurs droits, forcés d'obéir à des règles qui les contraignent à ne dépendre que du bon vouloir et de la tolérance d'une administration lointaine et sans compréhension, distante et répressive, négligeant d'appliquer pour eux les lois républicaines.

Les principes démocratiques évidents les plus primaires, qui honorent la France et auraient dû combler et protéger les populations lointaines dont elle avait cru bon s'enorgueillir d'assumer la charge, sont restés lettre morte.

C'est en pleine lumière que ce pays doit se tourner vers l'avenir. L'Algérie libre et unie.

Oui, je me devais aux yeux du monde de crier mon indignation, ma colère et ma honte. Oui, je ne pouvais me retenir d'en parler, et le plus haut possible.

Les nationalistes s'accommodent aisément de leur ennemi colonialiste qui donne à leurs yeux l'image révoltante d'une France abusive.

Mais ils ont compris que notre esprit conciliant et pacifique, fraternel et progressiste était leur véritable ennemi. Bien plus dangereux, parce que c'est lui qui sait les affaiblir en dénonçant leurs dérives, en suggérant leurs ressemblances avec ceux qu'ils combattent : la haine et la violence aveugle. Je n'aurai cessé de les gêner en apportant mon soutien aux comités pour l'amnistie des condamnés d'outremer avouant sous la torture, exécutés bien souvent avant même nos interventions.

Qui peut à présent prendre sur lui-même et faire cet effort de lucidité plein de sang-froid, qui seul permet de défendre les intérêts partagés des deux peuples, pour définir et appliquer une politique sans ambiguïté, réaliste avant tout, parce que généreuse et immédiate ? Les cris des ouvriers français égorgés et mutilés sur leur lieu de travail, à quoi a répondu la terreur de ces enfants dont on a fusillé devant eux, sans jugement, leur instituteur arabe, nous interpellent.

Tout, de chaque côté, estompe à jamais, pourrait-on croire, cet effort de compréhension commune sans lequel aucun règlement pacifique ne pourra intervenir. La fatalité s'y mêle aussi pour mieux écraser toute possibilité de dialogue. On aurait beau clamer l'urgence d'offrir à chacun la possibilité de s'exprimer pour soutenir avec passion cette terre qui nous a tous vu naître et l'aimer si fort jusqu'à la défendre ardemment aujourd'hui et lutter pour elle, rien n'aura de force pour arrêter l'inéluctable. Cette terre où nous avions puisé l'amour sera celle du malheur et de la haine, si notre raison n'y est plus entendue.

Rien ne sera suffisant pour faire échec au mal.

Créer, innover, partager y deviendra impossible. Refusant de se soumettre à la cruauté et au massacre, les hommes de culture n'auront plus d'autre voie que celle de l'insoumission proclamée. Le terrorisme desservira la cause du mouvement arabe, en lui faisant porter à jamais le dégoût pour le tueur de femmes et d'enfants. Le temps de la nuance sera passé, cette résonance humaniste qui autorise le luxe de l'intelligence, pesant l'espoir et l'évidence du progrès partagé, nourri par chacun pour le bien commun.

La longue violence colonialiste explique la folle violence de la rébellion. Mais elle ne la justifie pas lorsqu'une autre voie peut s'imposer entre les deux parties. L'engrenage ne sert que les deux extrêmes, comme ce préfet de Constantine sûr de son arrogance et bouillonnant de rage vengeresse, s'époumonant d'indignation contre ces indigènes, véritables sauvages, punis comme il se doit et massacrés à leur tour systématiquement pour sauver l'Algérie, a-t-il dit ce 13 juillet 1945. C'est de tels hommes plutôt que l'Algérie eût dû être sauvée !

Les Soviétiques ont patiemment placé des partis communistes comme avant-garde. Nous devrions combattre pour lutter contre les excès communistes, par le seul mouvement capable en France de s'opposer par la force à leur diktat, c'est-à-dire le gaullisme. La plupart d'entre nous, hommes libres, y adhéraient.

Quel mouvement d'avenir pourrait défendre aujourd'hui, et pour demain, nos intérêts en Algérie ? Les massacres innommables de Sétif et de Guelma, ont suscité un vrai dégoût chez chaque Français d'Algérie, soulevant l'indignation contre cette répression française qui ne saura développer chez les masses arabes qu'un relent de haine. Et surtout pas ce sentiment de crainte, recherché par un gouvernement, donnant une telle preuve criminelle de son incapacité à exporter en Afrique du Nord la démocratie républicaine, dont s'honorent les Français, qui en jouissent, eux. Bafouer la justice ici, c'est bafouer la France là-bas.

La France ne peut se faire respecter que si elle protège la paix dans la vérité. Convaincre sans haïr, aider sans offenser.

Pour m'être opposé à François Mauriac, j'ai appris dans notre affrontement à estimer mon contraire, convaincu certes, mais admirable, qui n'a jamais eu d'autre souci que la grandeur de la France, comme moi, en sachant négliger les intérêts particuliers.

VIII

Ces intérêts particuliers ont beau prendre le pas sur l'intérêt général, je n'ai prouvé souvent dans mes positions successives aucune cohérence et des contradictions obéissant aux variations de mon jugement. J'ai eu parfois le dégoût même de ces partis, sans cesse en luttes rivales. Sans choisir mon camp j'entendais garder mon sang-froid et cette indépendance d'esprit qui m'a toujours empêché de devenir indifférent aux dilemmes inévitables qui s'imposaient à la France. Mon honnêteté m'a souvent désarmé face à des ennemis insaisissables.

Je ne me suis jamais senti sûr de moi. Uniquement sûr des autres. J'ai su les regarder.

L'art n'accepte aucun compromis, aucune soumission, aucun paraître.

Ce n'est pas un privilège, c'est un droit et une responsabilité à prendre.

De toutes les couleurs, de toutes les formes, de tous les interdits.

Sa parole domine toutes les autres parce qu'elle est libre de contrainte.

Son action est présente, immédiate, unique. Et parce qu'elle est la véritable offrande de l'homme à la terre, parce qu'elle révèle sa grandeur comme sa faiblesse, son génie comme ses entrailles, la création artistique prévaut sur tout. Même si elle doit son devenir et sa seule présence à la science, sans la complicité de laquelle elle aurait disparu.

L'art ? C'est le droit à l'espace, à la fuite, à l'illimité.

L'homme peut ainsi s'échapper de lui-même, de ce qu'il croit être lui-même mais qui n'est qu'un paraître qui l'a toujours trahi pour se soumettre aux puissances du pouvoir.

L'art ? C'est le droit à l'erreur, à la quête, au retour en arrière. C'est le droit à la question, au pire comme au meilleur. Le droit au doute libérateur. Le droit d'en finir avec les certitudes. C'est l'urticaire du cerveau qui gratte et qui dérange. C'est imposer le « malgré soi » si fertile au « pourquoi ci, pourquoi ça ? » réducteur. C'est ce coma artistique créatif qui perdure. Il a bien fallu provoquer ce coma et l'accepter au lieu d'en dénoncer les causes.

Même si elle s'attaque à de vrais coupables, la torture ne sera jamais un acte de justice, mais un déni. Elle infecte l'armée qui s'y prête et à laquelle je ne donnerai jamais bonne conscience de l'avoir tolérée en son sein, car je méprise davantage le porteur d'infection que l'infection elle-même.

Des années de labeur et d'efforts nous attendent pour combattre la montée inéluctable des fanatismes religieux. Or, il y va de notre responsabilité d'artiste, d'écrivain, d'homme libre au service de nos libertés de ne pas se tenir à l'écart de l'histoire de notre temps, surtout lorsqu'elle inflige à nos frères des sévices insoutenables. Qu'elle dénature le sens même de la vie. Qu'elle s'insurge contre le progrès et ose prétendre nier ce pour quoi tant d'entre nous se sont sacrifiés, la libre-pensée.

Plus personne ne sait se taire car plus personne ne souhaite écouter l'autre. La parole devient bouclier pour ne rien entendre et s'éviter d'être touchée par les émotions, les douleurs des autres. L'artiste, lui, n'écoute personne, surtout pas lui-même. Parce qu'il sait se taire pour écouter l'autre. Cet autre qui soudain l'habite et qui va le forcer à créer.

Cet autre qui va le toucher parce qu'il n'est pas que lui, mais bien tous les autres à la fois.

L'artiste, élu, n'est que le gant d'une sensibilité commune. C'est sa fraternité à lui de laisser, par son pas, l'empreinte de son temps. Qu'il refuse de subir pour ne pas le justifier.

Pour autant, l'artiste n'est pas en marge de la société. Il est au contraire bien présent. Mieux, il s'y fond pour la juger de l'intérieur.

Ma famille paternelle chassée par l'occupation prussienne de 1870 a rejoint la terre algérienne, croyant y découvrir une Alsace de la Méditerranée. Famille venue de nulle part, dont sa terre algérienne est devenue aussi un nulle-part.

Exilé dans mon propre pays, l'Algérie, la France, ou Cythère, ne le suis-je pas aussi dans mon temps, bien qu'ayant partagé les passions et les dépressions de ce siècle maudit ? Ni protégée, ni respectée, montrée du doigt, la population civile ne sera plus jamais en paix, dans les temps présents comme futurs.

De toute évidence les ténèbres nous sont promises. Les organismes de secours solidaires auront beau ne jamais fuir leurs responsabilités, avec courage et humilité, leur vibrante lumière d'humanité ne suffira pas même à les protéger. Ne sauveraient-ils qu'une vie, ils auront mérité notre respect. Ils apporteront aussi leur tribut au sacrifice.

L'Algérie de la terreur et de la répression n'est-elle pas née d'élections falsifiées qui ont découragé ce peuple arabe ? Retirant sa confiance à la France. Se murant dans le silence rageur. Prêt désormais à ourdir sa vengeance libératrice. Cette masse énorme que vous avez frustrée de ses représentants, ni sultan, ni bey, sentant en elle tout espoir vain, humiliée au moment où, bien au contraire, d'autres peuples arabes arrivaient à se faire entendre et respecter, préparait sa révolte. Vous l'aurez sous-estimée.

Je n'aurai cessé de réclamer la reconnaissance exemplaire d'une Algérie, en tant que nation indépendante, liée de façon définitive à la France. Qui aura eu le courage et l'intelligence lucide d'ouvrir les portes d'un destin commun par les nœuds d'un fédéralisme moderne. Qui grandira d'autant plus la République, renforcée et admirée. La France offrant toutes les libertés retrouvées à la nation démocratique algérienne. Où chaque enfant arabe bénéficiera d'un avenir où ses parents trouveront des droits équivalents à leurs devoirs citoyens.

D'une façon ou d'une autre le destin est en marche malgré vous.

Il n'hésitera pas à vous piétiner.

L'Histoire changera de visage. Elle ne saurait rester insensible, ni neutre.

IX

Avec ce pli amer au coin des lèvres, ce regard bas et ces silences, le visage de la neutralité est celui de la laideur et ne m'inspire que la nausée. Qui pourrait prétendre qu'il est louable de demeurer fermé sur soi-même, sans volonté d'intervenir, quand la dignité humaine l'exige ? Seul Dieu sans doute.

Est-il trop tard pour affirmer nos vérités ? Pour faire admettre, à toute l'Europe, que la partie n'est pas perdue ? Qu'elle peut encore se jouer en décryptant la faillite du socialisme comme du libéralisme.

Une peur panique assombrit notre réflexion. C'est elle qu'il faut combattre avant tout pour clairement réfléchir alors, sans ce tremblement dans la voix, sans hésitation aucune, sans ce frémissement des lâches.

De quoi avons-nous peur ? Du terrorisme ? du sang ? d'en être la prochaine victime ? Non. De nous-mêmes ! Peur de nos dérives, de nos lâchetés, de nos mensonges, de nos abandons. Dans cette salle d'attente de notre lâcheté où nous nous réfugions si souvent, perdus et effrayés.

Accepter le monde, si injuste soit-il, tel qu'il est, c'est forcément nous accepter nous aussi. Tels que nous sommes dans ce monde, façonné à notre image.

Mais, devenus la caricature de nous-mêmes, nous avons créé la caricature de ce monde, où la lâcheté des compromis l'emporte et où la dignité se perd.

Je ne me juge pas plus innocent qu'un autre, mais du moins en connais-je les raisons ! Partisan désuet d'une irréaliste répression, raisonnée et sereine, comment ai-je pu me mentir au point de la croire autre chose qu'une implacable machine vouée aux excès ?

Mon juste dégoût, après coup, ne m'innocente en rien. Les exécutions capitales ordonnées par la République n'ont été que l'aboutissement fatal de mon incapacité à convaincre les plus hautes instances de leur indignité. Que l'Histoire condamnera lorsqu'on dévoilera enfin la vérité sur ce qui s'est passé.

Quelle banalité que cette époque de lâches ! D'un totalitarisme encore plus dangereux, car teinté d'un bon sens bon enfant qui se voudrait du réalisme.

Le politicien doit avoir le courage d'oser construire l'avenir. Détruire pour rebâtir. Écrivain en écrivant l'Histoire. Mais sa page n'est pas vierge. Elle comporte déjà les ratures des autres. Leurs brouillons. Il est de ces hommes d'État qui réécrivent l'Histoire en osant jeter à la poubelle les pages pleines d'idées reçues de leurs prédécesseurs. Qui refusent un monde porteur d'une terre au goût de cendres.

En témoignant loyalement, pour des amis musulmans emprisonnés, face aux tribunaux de Blida en 1951, je pensais à ces militants nationalistes fervents, ou à ceux, abattus par la police, en 1953 à Paris.

Sans état d'âme. Comme rebelles nord-africains. Je ne faisais que mon devoir. De même qu'en tentant de sauver la tête de ces nationalistes tunisiens condamnés à mort, je ne cherchais qu'à poursuivre mon combat contre la peine de mort. Qui m'avait fait signer la pétition de Marcel Aymé pour Robert Brasillach, dont la tête tomba. Le monde libre se noie. Sans illusions. Désabusé de tout. Mais ce qui est plus grave : désabusé de lui-même.

Notre société républicaine coule à pic parce qu'elle a les poches pleines des millions de cadavres qu'elle a engendrés, et tenté de dissimuler. Ses atrocités lui pèsent. Elle entend se garder de toute illusion. À commencer par celle de se croire innocente.

Elle a précipité sa chute par ses volte-face, ses hésitations, ses fuites en avant. Se fuyant elle-même. Par cette guerre insensée d'Indochine. Ce désastre programmé. Ces dérives d'une politique, inepte et dangereuse, au Maroc comme en Tunisie. Qui n'aura fait que fomenter le soulèvement de la masse arabe révoltée là-bas aussi.

Sur les bancs de l'Assemblée nationale, votre révolte républicaine si habilement feinte restera dans l'Histoire comme l'expression d'une grimace qui vous aura échappé malgré vous, dans l'accomplissement inexorable du divertissement cruel pour tromper les peuples, les endormir, et vous appuyer sur leur assoupissement pour mieux les soumettre.

La moitié de cette population crève sous le joug du chômage, face aux salaires indignes en Kabylie. Terre d'esclavage, bien plus que de libre travail.

L'assimilation est un leurre, un horizon inaccessible, une illusion criminelle. On ne saurait s'assimiler à ce que l'on méprise. Or, la perte du prestige de la France face à l'Allemagne qui l'avait écrasée, occupée et humiliée jusqu'à en faire sa complice, a rendu cette assimilation sans fondement. Mon admiration et ma reconnaissance envers l'enseignement de la République sont sans bornes. Premier à en bénéficier, boursier pupille de la nation, j'ai grâce à elle pu étancher ma soif d'apprendre. Comme mes frères kabyles, accueillis dans les écoles construites par cette même République. Nous lui en sommes redevables. C'est pourquoi lorsque nous la sentons trahie comme elle l'est aujourd'hui, nous nous levons pour elle.

J'aperçois encore en moi, comme à travers les oliviers et les caroubiers, ces lointaines montagnes de Kabylie. Je me retourne en vain vers Alger, sa rade, son port ; son odeur âcre m'enivre. Tout m'est bon et chaud.

Oran est close sur ma jeunesse restée là-bas. Volontaire et si fragile. Butant sans cesse contre les murs de mon esprit. J'ai l'appétit de vivre encore, comme si j'avais le droit de tout recommencer, pour mieux aimer. N'était-ce pas l'essentiel ? Aimer. Je l'ignorais alors.

Que n'ai-je consacré tout mon temps à répondre à ceux qui m'aimaient ? Je n'ai pas su répondre à leur amour comme j'aurais dû le faire.
Trop de maîtrise désincarne. Ai-je jamais cessé de jouer au maître ? Avec maladresse…, puisque j'étais incapable d'appliquer des punitions. La vie s'en chargerait, pensais-je.

Inconscient de ma fragilité. Le présent m'étrangle et m'interpelle. Je ne me vois plus d'avenir tant je me sens impuissant. On vend au marché noir le blé que possède l'Algérie, quand on ne le répartit pas inégalement. Puisqu'on en manque toujours.

Vous n'avez rien compris à ce mouvement de révolte, si vous prétendez accepter qu'une ration destinée à l'Arabe représente en droit les cinq sixièmes de celle d'un Européen de souche, soit en réalité juste le tiers, ou, au mieux, la moitié. On ne se résigne jamais à l'injustice et nul ne tolère la faim sans se révolter.

Cette pente du Tartare, où roule le rocher de Sisyphe dans son éternel recommencement, n'est que mon orgueil s'élevant pour redescendre en vanité.

X

Couché par une nuit glacée dans le désert, j'ai cru voir en cette lune de craie l'Algérie française prête à s'effriter, et qui ne tarderait pas à tomber en poussière à jamais.

La grande masse des musulmans ne saurait être tenue pour responsable ni complice des actes insensés de quelques criminels.

J'ai appris à aimer le visage de mon frère algérien. J'ai appris à soutenir ce regard lourd qu'ont toujours les enfants arabes. Leur visage buté comme le vent des Aurès qui n'a peur de rien m'a toujours parcouru l'âme d'un frisson fraternel.

Je m'y reconnais et ils me reconnaissent. Ma position ne variera jamais sur ce point.

Ce n'est pas le visage de la haine mais bien celui du désespoir et de la détresse.

Je partage depuis mon enfance ce même sentiment d'abandon et d'incompréhension. Leur malheur est mien. La répression sauvage m'a toujours écœuré. Fasciné par cette laine grise des absinthes, ces longs iris bleus, ces hibiscus rouge pâle ou ces bougainvilliers roses.

Je n'étais pas un adolescent à principes mais je me jugeais un petit homme à limites. Celles du réel, du toucher et non de l'abstraction de la déraison.

Oui, je l'avoue, j'ai toujours eu horreur du sang versé, de l'enfance sacrifiée, de l'intolérance et du fanatisme. Avec en mon cœur juvénile cette naïveté d'attendre en vain, faute de réformes opportunes, un pacifisme équilibré et libéral. Feignant d'ignorer l'inéluctable montée du nationalisme exacerbé. Et modulant mon état d'esprit sectaire au gré des cycles de révolte et de répression, poussées populaires siamoises, indissociables, qui me semblaient au contraire présager un monde moderne s'enrichissant de ses contradictions et de ses soubresauts.

Je me voyais bâtisseur compagnon d'une Algérie confédération africaine, peuplée de nos communautés respectives. Soutenue par la France, liée à son devenir. Tout me paraissait préférable pour le bien des peuples à une Algérie attachée uniquement à un empire de l'Islam qui n'aurait pas à lui seul les moyens d'éviter aux peuples arabes la misère et les souffrances d'une population livrée à elle-même.

La Fédération algérienne que je préconisais de toutes mes forces n'était possible que par la juste répartition des revenus et des droits. Cette structure, imbriquant sur le même territoire des populations si différentes, se fonderait sur un Parlement français. Comprenant une section métropolitaine de cinq cents députés environ, dont une quinzaine auraient représenté les Français d'Algérie, ainsi qu'une section musulmane de cent membres environ, légiférant à part sur leurs propres problèmes, lorsque le Parlement, toutes sections réunies, réglerait les questions d'ordre commun.

Que je me sois tu depuis un demi-siècle ne signifie pas que j'ai cessé de combattre : mon œuvre parle pour moi. Vous arracherez le peuple français d'Algérie à sa patrie naturelle. Je vous entends déjà mentir, en nous offrant votre compréhension. Vous proclamerez : « Je vous ai compris. » Non ! Il serait plus honnête d'avouer : « Je vous ai mépris. »

À quoi bon votre pitié feinte pour ceux qui souffrent, puisque vous serez restés sourds à leurs appels ? Votre véhémence est aussi figée que la couleur sang des géraniums, ou le piétinement des chèvres. Certains intellectuels français ont cru bon de sanctifier le fanatisme, tout en sachant parfaitement qu'il ne pouvait qu'aboutir au terrorisme.

Il leur sera bien difficile de se justifier devant le tribunal de l'immortalité.

Ils auraient dû se taire en ce qui concerne l'Algérie, évitant ainsi de souffler sur les braises.

Le gouvernement de la République aurait dû édifier un Commonwealth français où l'assemblée régionale algérienne eût exprimé alors la particularité même de l'Algérie. Partie prenante intégrée par son gouvernement et son sénat fédéral. Laissons à la jeunesse libre, à l'avenir le soin de dire si cela est bien ou mal. Affirmons cependant qu'il y avait là la seule occasion d'imposer la paix.

La révolte des Arabes n'était que la réponse à cette question de l'oppression qu'ils subissaient. Ils exigeaient réparation et reconnaissance. La peur de ma communauté, qui s'est sentie trahie par la Métropole, ne justifiait en aucun cas votre répression aveugle. Vous avez opposé au terrorisme la torture isolée. À la plus grande satisfaction des fossoyeurs de la République.

Qui prétend aujourd'hui échapper au mécanisme mortel de cette dialectique de soumission à la libération arabe ?

Je suis de ceux qui osent prétendre, comprendre et soutenir le combattant d'une libération justifiée. Ce qui n'empêche en rien mon dégoût profond devant le tueur de femmes et d'enfants, l'assassinat de civils innocents.

J'évoquais plus haut l'assimilation avec un haut-le-cœur justifié. J'aimerais y revenir.

L'assimilation n'a toujours été et ne sera jamais qu'un mensonge répété.

Mais comment pourrais-je accepter à mon tour de devenir un jour étranger dans mon propre pays ? Chaque jour plus éclaté, tel un fruit mûr, en pourriture, brûlé par un ciel gorgé de lumière. Je ne veux plus mordre au mirage de l'assimilation.

L'indulgence du président René Coty, comme la mienne, propre morale de Croix-Rouge à ce qu'il paraît, semble insuffisante pour préserver l'avenir algérien. Nous ne sommes plus qu'une faible poignée à croire encore possible l'espérance et l'unité. À espérer, enfin, l'abandon des compromis. La fraternité entre les hommes se scelle dans le labeur quotidien, mais aussi dans le danger.

Les Européens de souche ont adopté une position irréaliste et si naïve. Ils ont nié entre eux et le peuple arabe cette chaleur fraternelle des frères d'une même terre sous ce soleil, haut et pesant, comme leur destin.

La République française a laissé passer le court moment où elle pouvait être un exemple. Elle ne sera qu'une fuite en avant.

Tous les Ponce Pilate de la Métropole se sont lavé les mains. Il n'y a pas d'oppression bienveillante ni d'occupation qui ne soient mensongères. Et l'ennemie même de ce leurre qu'est l'assimilation suscite toujours de ces mouvements nationalistes âpres et rigides, puérils en doctrine parfois, mais d'une audace dangereuse, qui triomphent toujours, pour finir, de toute domination.

XI

Que n'avez-vous cherché à ouvrir le dialogue avant de vous enfoncer dans la terreur ?

Pouvait-on raisonner avec le terroriste ? Quand il en était encore temps, oui.

De quoi a-t-il si peur, sinon de sa propre peur ?

Non pas de ce qu'il fait, au mépris des victimes, mais de ne plus oser l'accomplir. Tenir une arme et tirer sans remords sur l'innocent, égorger avec la lame, faire gicler le sang, ouvrir la plaie, le visage caché, faire sauter une bombe, lancer, pourquoi pas, l'arme nucléaire, de nouveau, sur la moitié du globe, quoi de plus lâche, de plus aisé, de plus dénué d'effort si ce n'est celui de n'en faire aucun ? De tuer comme une libération.

La beauté, elle, exige de l'être des efforts qui l'élèvent. Jouer le *Concerto en fa* de Gershwin, la *9ᵉ Symphonie* de Beethoven ou la *2ᵉ* de Chostakovitch ou de Brahms, diriger la *5ᵉ Symphonie* de Mahler, interpréter *Le Roi Lear* ou *Hamlet*, écrire *Les Sept Piliers de la sagesse* ou l'*Odyssée*, chanter Puccini ou Verdi, peindre un sein ou une pomme, tout mérite le respect. Et porte l'espoir.

Vous n'aurez mérité des générations futures que leur mépris, pour les insectes que vous fûtes sur terre, lapidant, égorgeant, décapitant, torturant, gazant, pendant, fusillant. Tous, criminels, dictateurs, tyrans, tous, terroristes ou politiques aux mains rougies, qui n'avez pu commettre ces crimes contre l'humanité de siècle en siècle que par notre faute, notre inattention, notre prétention, notre complicité, notre impuissance à arrêter à temps des dirigeants dépassés, décervelés, déraisonnés.

Le terrorisme d'État est seul maître du jeu sanglant. Les ficelles de vos marionnettes terroristes sont si visiblement perçues…

Le jour où la France, mère des arts et des lettres, a confié le soin à des chefs inaptes, républicains de pacotille, monstres masqués, cupides et imbus, de conduire des guerres comme de les éviter, aux soi-disant royalistes ou bonapartistes ou de quelque illégitimité qu'ils soient, de s'embourber de la même sorte, cette France discréditée par ses défaites, France colonialiste, impérialiste ou pétainiste, France truffée de traîtres, le jour où la culture a dû céder devant les dictatures, leur faire l'aumône pour exister et s'en rendre complice, alors la France est morte.

C'est cette France-là, celle de La Fontaine, Molière, Hugo, Malraux, celle de Beaumarchais, de Racine, Giraudoux, Corneille ou Anouilh, de Renoir, Monet, Matisse, Van Gogh, Utrillo, Rodin, Rabelais, Montaigne, Prévert, Musset, Proust, Feydeau, Verlaine ou Rimbaud qu'on a trahie.

France de Baudelaire, Nerval, Vinci, Ronsard ou Picasso, d'Hemingway, de Cendrars ou Lully qui vous crie aujourd'hui que le combat reprend.

Le combat pour l'avenir.

Et cet avenir se construira sans vous. Sur vos cendres. Pas sur les nôtres.

Sur l'amour. Pas sur la haine.

Sur le partage. Pas sur le mépris.

Notre rien aura raison de votre tout.

Notre nudité aura raison de vos masques.

Et notre regard de vos aveuglements.

Nos mots auront raison de vos armes.

Et pour finir notre silence vous fera taire. Silence courageux et non silence coupable.

Vous ne nous abattrez jamais. Parce que nous aurons, nous, la bonté et le réalisme de ne jamais vous effacer de notre monde, mais d'arriver un jour à vous convaincre de notre raison. Qui deviendra la vôtre. Car vous serez devenus des nôtres.

À ce seul prix, demain, le monde d'avenir sera libre. On ne compose pas avec le terrorisme. La musique des bombes sonne faux. L'orchestration religieuse aussi lorsqu'elle dérape et devient dictature. La terreur d'âme est difficile à manier.

Nul, sur le sol d'une république religieuse tyrannique, ne saura échapper à la loi. Et lorsque la justice punit par mutilation, pendaison, fouet, torture, lapidation, décapitation, elle se démasque et révèle sa monstruosité criminelle. Pourquoi n'acceptez-vous pas que nous soyons semblables en ce siècle de sang ? Qui est le Picasso des dunes ? Qui est le Mozart du désert ? Le Proust des oasis ? Le Shakespeare des Aurès ? Devenus nôtres vous deviendrez aussi nos Baudelaire et nos Modigliani... comme nous sommes déjà les vôtres.

Les hommes ne se ressemblent que dans leurs différences. Dans leurs réflexes primaires de réaction à la douleur comme au bonheur. Je hais le sentimentalisme béat. Je refuse de les associer dans une confusion qui nierait leurs traditions séculaires. Nouant entre elles des racines si dissemblables, au péril du progrès, dont la base même est la liberté, la différence, l'indépendance d'esprit.

Jamais je ne chercherai à unifier, donc à gommer, ce qui me sépare d'un Africain comme d'un musulman. Ni ce qui me différencie d'un croyant juif ou chrétien, bouddhiste ou hindou. Je n'accepterai pas non plus de les mépriser ou de les dominer. Car ce serait me ravaler sans doute : la dignité humaine ne saurait être un mensonge.

L'homme conscient de son destin n'a pas à subir le joug religieux, quel qu'il soit et où qu'il s'exerce. Toute religion risque de prendre des allures de dictature si elle prétend exercer, comme elle l'a tant fait dans les siècles passés, le pouvoir politique.

Alors l'homme libre ne serait plus qu'un mythe républicain sans avenir. Arracher les ongles des victimes de tortures est une atrocité, mais arracher avec la même perversité chaque relent, chaque parcelle d'âme, est pire encore.

Les blessures de l'esprit ne se soignent pas. Elles perdurent. Elles avilissent. L'âme pantelante cède et finit par renier toutes ses valeurs.

Les criminels ont cette lueur de rancœur dans le regard qui nous fait douter du bien fondé de notre attitude. Oui, dis-je, les criminels ne vous regardent par conséquent jamais en face mais de côté, de travers, donc tout est déformé, mal jugé, mal perçu.

N'en déplaise aux beaux parleurs des deux rives, gauche ou droite, l'idéologie marxiste-léniniste s'effondrera, ainsi que toutes ses nébuleuses stalinistes et maoïstes. Tout comme la perverse colonisation. Puissions-nous échapper au retour de la guerre sainte qui prétendra offrir une identité, une raison, une cause à ceux qui auront tout perdu pour mieux fissurer le socle de nos démocraties.

Sinon il nous faudra envisager le pire. Tout perdre ou consentir à se battre de nouveau.

XII

La métropole républicaine a offert l'exclusivité du droit patriotique à la droite, et celle du droit moral à la gauche. Elle a su faire comprendre aux Français d'Algérie « Crevez ! vous l'avez bien mérité » ou bien « Crevez-les, ils l'ont bien mérité ! ».

La droite n'a jamais eu le courage de dénoncer les excès colonialistes déshonorant la République, qui aurait dû les abroger. Et la gauche n'a pas voulu se dresser, avec courage, pour s'indigner des méthodes sanguinaires de la libération arabe. La droite a toléré au nom de l'honneur de la France ce qui justement était contraire à ses valeurs, et la gauche, au nom de la justice, a admis qu'on la viole par la terreur.

Je suis meurtri dans ma chair et dans mon esprit. Mon attitude, le regard tourné vers le monde, ne m'empêche absolument pas de garder les yeux ouverts sur mon monde intérieur et de revendiquer ma solitude. Je suis impuissant contre le poids de l'appareil bureaucratique qui fige les dictatures, mais l'homme est une proie plus malléable à convaincre, pour son propre bien.

Français de souche, et de naissance plus encore, ce, depuis juin 1940, par un choix délibéré de combattant de l'ombre, j'espérais mériter des militants arabes une complicité réfléchie. Une compréhension immédiate du point de vue d'un Français d'Algérie, conscient de choisir d'être à leur côté. Un Français algérien plutôt qu'un Algérien français, qui n'aura cessé de soutenir leur cause, dans une quasi-indifférence, en solitaire.

Ce droit à la justice, que je réclamais de toutes mes forces pour eux, ne peut être à mes yeux un droit à la terreur. En condamnant celle-ci, je n'omets pas la répression confuse qui l'entérine maladroitement. J'en appelle au courage qui condamne avec la dernière fermeté les massacres de civils, ces mutilations d'un terrorisme qui s'en prend aussi aux enfants des écoles, libérant les instincts barbares et le fanatisme religieux.

Sommes-nous tous, en ne réagissant pas, coupables ou innocents, dans la confusion du crime généralisé ?

N'y aurait-il plus en Algérie d'innocents, excepté ceux qui y perdent la vie ?

Mais qui est innocent aussi en Métropole ? En cherchant à gommer la présence d'un million de Français sur le sol algérien, entraînant le malheur de tous, les Français oublient aisément qu'il a bien fallu que la colonisation leur soit profitable, en pleine Métropole, pour qu'elle persiste un siècle durant. Ils ont fermé les yeux sur la misère arabe, ils s'en sont désintéressés.

Ces Français doivent réaliser que les militants de la cause panarabe, pourtant prête aux compromis raisonnables, s'opposant aux nationalistes intransigeants, peuvent faire preuve de compréhension et prendre sur eux de protéger les civils pour échapper à la spirale de la vengeance.

Mais ce n'est envisageable que si le statut colonial est courageusement supprimé de fait, et que la France elle-même procède à l'élimination de ces colons ennemis de toute évolution nécessaire avant de procéder à la réunion finale de tous les mouvements légitimes algériens.

Rejeter la faute sur l'ennemi est bien naïf. L'Allemagne vaincue, humiliée, était une proie facile pour le nazisme dès lors que, exsangue, vous l'avez crue soumise au maléfique Traité de Versailles. Jouissant presque de cette boue, où vous l'aviez abandonnée, vous étiez les premiers responsables de ses dérives criminelles en n'ayant pas participé vous-mêmes à sa reconstruction, dans une Europe apaisée.

Je refuse de consentir à la fatalité et à me laisser gagner par la fascination du néant.

En refusant de reconnaître vos erreurs passées vous n'aurez fait que les aggraver.

Vous n'avez pas le goût de l'objectivité. La pudeur ne saurait faire partie de vos vertus. Ni de celles de mes confrères inconscients, dont les écrits sont d'authentiques appels au meurtre, scribouillés en vitesse, en refaisant le monde devant un chocolat au café de Flore.

Je ne cherche pas à manquer à la solidarité innée que je porte aux miens, mais ils ont beau avoir été mes frères, ils ne le restent que si je persiste à me reconnaître en eux. Lorsqu'ils font appel à la torture en représailles, lorsqu'ils violent à leur tour par ignominie, lorsque des populations civiles tombent sous leurs coups, alors que rien à mes yeux ne justifie de tels actes, lorsque le crime répond au crime ou le précède, les temps futurs m'apparaissent à l'esprit. Le temps du meurtre et de la vengeance qui ensanglantera une Europe couverte de plaies.

J'imagine avec effroi n'avoir qu'une faible idée des souffrances et des ruines qui vont s'abattre sur le monde libre. Ce qui tue oblige à tuer, partant ce qui aime force à aimer. Que ne savez-vous aimer !

Vous n'aurez su qu'assouvir vos pires instincts. Dressés sur votre prétendue supériorité morale et religieuse. Sans constater l'effondrement de vos institutions, dépassées par le brassage du monde de demain. Je n'ai peur que de moi-même. Peur que la lassitude me porte à esquiver la joute verbale, à en oublier l'instituteur assassiné, le médecin égorgé, le passant frappé à terre ou les écoles incendiées.

Peur de vouloir à mon tour me dérober à mes responsabilités d'homme.

J'ai peur de m'habituer à la longue à l'imprévisible massacre, au meurtre surprenant. Je refuse de devenir à mon tour un nouveau bourreau aveuglé par sa propre fureur, motivé par la sourde vengeance.

Dieu appellera à la guerre.

Ce soir, je veux faire le pari du bonheur retrouvé dans la paix, le progrès et le partage.

Même si j'imagine l'impensable, qui suivrait inéluctablement le rapatriement d'un million de Français : le massacre de centaines de milliers de Kabyles et de harkis coupables de nous avoir été fidèles. Je veux pourtant garder en moi cette maigre flamme de vie qui ne se résigne pas à s'éteindre. La flamme brûlera encore en moi.

XIII

J'AI CHOISI mon camp. J'ai choisi mon pays. Ma seule France : l'Algérie. Celle de la paix juste et fraternelle. Celle où Arabes et Français s'uniront pour le progrès, la liberté et leur culture en communion.

La République portant le drapeau tricolore à la tête des combattants de la liberté, a les seins nus. Parce qu'elle affiche sa fécondité pour offrir ce sein aux enfants de Rousseau, de Jaurès, de Zola, de Vallès, de Hugo, de Voltaire, de Cendrars, de Sand ou encore de Victor Schœlcher. Cette France-là n'acceptera jamais plus de se soumettre, elle est femme, elle est mère, elle est veuve et elle est libre.

De jeunes adolescents dont on a effacé la vie, volée comme une fleur coupée, bouleversants, fidèles, acharnés, sacrifiés, sont morts entassés les uns sur les autres, ensevelis dans des charniers. Pour eux aussi, nous ne céderons pas.

Nous ne céderons plus. La gabegie des politiciens français d'avant-guerre n'eut d'égale que leur médiocrité, leur aveuglement confondant, leur prétention et leurs prérogatives de baudruches, que de Gaulle eut le courage de dénoncer, au risque de briser à jamais sa carrière militaire.

Qui l'a fait ? Jusqu'à en être puni d'une condamnation à mort, effective s'il eût été sur le sol de la mère patrie. Il s'agit de dire non, comme lui, non à la peur, à l'abandon, non à la trahison. Non au vomi hypocrite qui justifierait la terreur. L'expliquer pour la comprendre n'est pas la justifier mais en révéler les véritables causes et les combattre pour l'éradiquer. Ou tout au moins la contenir, dans la limite pragmatique des sacrifices tolérables, même s'ils demeurent d'insupportables remords.

Il s'agit de gifler la mort. De l'affronter. Sans accepter de renier nos valeurs républicaines laïques. Qu'il y ait encore, de par le monde, en grand nombre, des terres rougies du sang du peuple, sacrifié par la cruauté et la tyrannie, nous ne l'admettrons jamais. Mais nous mesurons notre émoi naïf et nos diatribes outragées à la limite du ridicule, voire de l'hypocrisie.

Nous ferions mieux d'agir, sinon le jour viendra où nous n'y échapperons peut-être plus nous-mêmes. Il nous reste la conviction de notre bien-fondé, la justesse de notre raison pour ne jamais faillir. Et quitte à perdre, mourons debout. Il faut d'abord instruire les responsabilités. Réveiller ceux qui sont restés prostrés et les motiver au combat, sans exception. Sans épargner personne, agir vite.

La Méditerranée n'échappera plus aux convulsions. Personne n'échappera au délire de la violence. Chacun rejetant la faute sur l'autre, pour justifier ses crimes.

La liberté, vous ne l'ignorez pas, a ses charges et son poids. Elle a chargé de se juger elle-même : une république, par son intégrité et son dévouement sans faille pour le plus faible, est seule garante de son bon droit.

Elle pèse alors sur l'ordre du monde, comme la France a quelquefois su si bien le faire. J'ose le soutenir, sans vanité déplacée. Je ne veux pas me résigner à la fatalité.

Vous n'aurez pas su créer les États-Unis d'Afrique. Lorsque l'Afrique s'emparera de son propre destin, nul doute qu'elle saura elle-même fonder l'Union des États frères. Mais sous quelle bannière ? Celle des hommes ou celle de Dieu ?

Il est déjà trop tard. Vous ne maintiendrez pas ce qui est défait : le respect, la confiance envers la France. Vous avez cru votre puissance éternelle, en occultant que l'Histoire est toujours en marche, malgré vous. Vous n'avez pas su prendre le souci de l'Algérie à temps, vous méritez d'être exclus des débats qui décideront un jour de l'avenir de ce pays. Qui pourrait s'en plaindre ? Certainement pas vous qui n'aurez rêvé que d'être déchargés de vos vraies responsabilités. Vous n'aurez jamais su aborder les problèmes que dans l'indécision qui vous caractérise, et vous accable.

Vous n'aurez jamais su non plus admettre les différences. La tragédie africaine tout entière empestera le monde du prochain siècle si le monde libre ne lui porte secours.

Des caïds intendants, traîtres à votre naïve confiance, détournèrent, selon des méthodes personnelles échappant à l'administration française, les biens et la nourriture destinés à leurs frères. En Kabylie surpeuplée, où la figue et l'olivier ne peuvent suffire à masquer le cruel manque de céréales, la moitié de la population, ne se nourrit que d'herbes et de racines.

L'Algérie en appelait à l'aide généreuse d'une administration qui lui a fait la charité grain par grain : que dire de ces enfants en loques, mordus au sang par des chiens affamés, s'acharnant sur la maigre pitance d'une poubelle, leur disputant les restes.

À chaque militant qu'on abat, l'avenir du peuple algérien se fissure, parce que l'anticolonialisme devient davantage le ciment de la bonne conscience. Qui justifiera les dix tueurs qui remplaceront un jour cet indépendantiste tombé ? Alors viendra le temps redouté, où, au moyen de la terreur, une organisation totalitaire reprendra à son compte le combat, pour le malheur des hommes.

L'administration en avait-elle conscience lorsqu'elle n'avait de cesse d'appliquer sans discernement des règlements inflexibles ? N'autorisant ni la consommation des graines de pin, ni la libre circulation des colporteurs de charbon de bois sans permis qu'elle privait d'âne et de marchandise.

Que dire des indigents dont elle prélevait la presque totalité du maigre salaire ?

Vous avez sans doute oublié cette promesse d'égalité faite à Damas et à Beyrouth, jamais tenue bien entendu. Vous n'aurez su qu'offrir l'arme de la vengeance à ces armées secrètes qui n'espèrent que la disparition de la France du Levant.

La tragédie algérienne n'arrache pas des larmes à tous. Certains au contraire s'en félicitent. Ils sont prêts au massacre. Ce sont les repus de la haine.

Ce n'est pas l'Arabe algérien qui s'est révolté à Sétif en 1945. C'est bien l'homme, tout court, poussé par un désir inné de reconnaissance, pour lui et les siens. La répression, d'une violence inouïe, de cette jacquerie sanglante, nous laisse un goût amer. Cette même République des Droits de l'homme se montra perverse et indigne lorsqu'elle relaxa des officiers criminels, coupables de tortures ayant entraîné la mort de jeunes Algériens et de jeunes Algériennes, devenus autant de martyrs.

XIV

Vous avez sacrifié la jeunesse de France sur l'autel de votre profit.

Cette jeunesse, demain, vous demandera des comptes.

Prenez garde au jour où elle se sacrifiera pour elle, pour son avenir.

La jeunesse accepte de mourir d'amour.

Mourir pour apporter l'amour aussi, certainement. Or, vous n'aurez su mourir, ou faire mourir, que pour nier tout amour.

Hommes du passé, hommes sans amour, hommes qui restez à la surface de vous-mêmes.

Il nous suffisait d'aimer cette terre, l'Algérie, pour la comprendre.

Faut-il aimer rarement, pour aimer beaucoup ? Ou aimer trop, pour aimer bien ?

L'amour, ce secret aussitôt révélé par les yeux, est ce soleil qui transperce la peau pour réchauffer notre âme. Les rayons incendiaires de la jalousie sont des brûlures d'amour dont on ne se remet pas. Il paraît que l'amour ne meurt jamais.

Et si la mort n'existait pas ? Si elle n'était que les cendres de la vie ?

Poussière redevenue poussière.

À chacun sa mort puisqu'elle prend l'apparence propre au corps de chaque être.

Et pourtant la mort n'est-elle pas la même pour tous ? Une illusion. Un mensonge. L'ombre de la vie. Qui aurait volé sa forme, n'existant pas sans elle.

Mort, qui n'est que le reflet d'une vie.

L'Algérie est morte alors, puisqu'elle n'est que le reflet d'elle-même.

On aime sans mesure. Ou on n'aime pas.

Il faut aimer longtemps. Pour se persuader de ne jamais savoir aimer assez.

Car plus on aime plus on ignore pourquoi l'on aime. On a fini par l'oublier.

On en vient à aimer malgré soi. On en oublie aussi dans la vie pourquoi l'on vit.

Mais on ne peut pas oublier d'aimer.

On en arrive à aimer malgré soi. Je ne sais plus pourquoi j'aime mon frère algérien, mais je l'aime. Et je l'aime malgré moi. Et, je le sais aussi, malgré lui.

Plus on trouve de raisons de ne plus s'aimer, plus l'amour qui nous déchire devient fort. Exigeant. Intransigeant. Puis dérangeant.

Comme une morsure d'âme qui cherche des excuses sans fin.

Les jambes tremblent. Toute cette vie à aimer passe trop vite. Rien ne peut réellement s'y prévoir en amour.

Français et Algériens étaient faits pour s'aimer malgré eux. Ils auront choisi de se haïr malgré eux. Pour s'être trop aimés peut-être.

« La vie vaut-elle la peine d'être vécue ? » est une question absurde.

« La vie vaut-elle la joie d'être vécue ? » est ma seule quête.

C'est la joie qui est souffrance à acquérir.

Il est si facile d'être malheureux, tout y porte. Mais c'est si difficile d'être heureux.

Sans faire semblant de l'être, sans paraître.

L'Algérie a su me rendre heureux. Comme elle a su tout me reprendre.

Amour, né du soleil et de la mer, fait pour brûler et incendier.

Pour ne jamais s'éteindre. Pour étreindre, et non pour contraindre.

Il n'y a pas de frein à l'amour. Il y a seulement des accélérations soudaines, quelques virages à prendre, une véritable route de vie à négocier. Avec, au ventre, cette envie folle d'emprunter la mauvaise route, tellement plus attirante. S'égarer permet toutes les envies. Celle de se perdre d'abord, pour mieux échapper à soi-même.

Ce désir fou de rencontrer enfin son autre soi, celui qu'on étouffe, qui n'a jamais son mot à dire.

L'homme est un monde en lui-même, et comme le monde, il ne sera jamais qu'une immense solitude parce qu'il refuse d'être ce qu'il est. Perdu. Ne sachant d'où il vient. Ignorant où il va. Sans que Dieu lui donne de réponse.

Dieu est muet parce qu'il n'a rien à dire, pour avoir trop honte de ce monde pourri.

Or, si le ver est dans le fruit, ce n'est pas sous les traits de l'homme mais bien de Dieu lui-même. De quoi se sera-t-il mêlé ici-bas ? De détruire l'homme, de l'aliéner, de le sacrifier. De lui donner les armes pour se mépriser lui-même. De lui pourrir la vie.

En son nom, au nom de Dieu, l'homme somnambule a eu permission de massacrer, torturer, égorger, crucifier, brûler, étouffer, broyer, noyer ou écarteler.

La soi-disant colère de Dieu s'en est prise, sans pitié, à la terre elle-même. La craquelant, ouvrant sa gueule béante, faisant déferler des torrents de boue après des torrents de haine, engloutissant voracement des millions de victimes dans ses entrailles. Par la volonté de Dieu.

Je ne suis pas de ceux qui croient en ce Dieu-là. Je ne crois pas en Dieu mais en un dieu, l'homme. Je doute en Dieu, mais je ne doute pas de douter de lui. C'est une douce habitude libératrice. Livré à moi-même, et rien qu'à moi-même, je conduis ma vie comme je l'entends.

À hauteur d'homme.

XV

Nous sommes de ceux qui ne se résigneront jamais, même par-delà la mort.
Nos mots resteront gravés en la mémoire commune pour dénoncer vos actes et vous couvrir de honte. Aujourd'hui nous n'avons pas les moyens de nous défendre contre vous. Demain il sera trop tard, pour vous, de vous justifier. Chaque acte de réhabilitation vous effacera davantage de la mémoire du monde.

L'heure n'est plus aux discours mensongers et stériles, mais aux actes douloureux et courageux. Dénoncer pour ne plus renoncer.

La France aux Français ? Quelle France ? Et quels Français ?
L'Algérie aux Algériens ? Quelle Algérie ? Et quels Algériens sur cette terre chaude, si lourde de lumières rayonnantes, des parfums enivrants de chaque rose thé, à l'épaisseur de crème.

Les enfants, les petits-enfants, les arrière-petits-enfants et leurs arrière-arrière-petits-enfants, qu'étaient-ils ? Algériens ou Français, Français d'Algérie, ou Algériens français ?
Les enfants des arrière-petits-enfants d'Amérique ont eu plus de chance. Eux sont restés. Chez eux.

Votre crime contre l'humanité, contre un million de Français nés, là-bas pour vous, ici pour nous, sera de les déraciner, de les sacrifier, de les jeter à la mer et de les oublier pour vous éviter des cauchemars.

Le peuple français d'Algérie a pris racines là-bas. Comment osez-vous les déraciner ?

Passionnément attachés à leur pays de naissance, et aussi de culture désormais, ils ne seront sacrifiés que pour une solution présente du problème algérien.

Un jour, la vérité vous demandera des comptes. Vous aurez tout fait pour empêcher la communauté franco-arabe d'entrer unie dans les institutions, côte à côte, à égalité de chance et de culture, de soins et de partage.

Tuer ou fuir sont deux démissions, deux insultes à l'avenir, deux renoncements au bonheur du monde. Vous serez donc doublement coupables.

Préserver les libertés arabes, sauver des vies de frères musulmans revient à épargner les mêmes vies du côté français en empêchant la surenchère.

Si l'Algérie doit mourir pour mieux renaître, soit. Qu'aucun de ses enfants ne soit sacrifié. Votre aveuglement obstiné a fait disparaître le dernier espoir de pain. Vous allez fracasser l'Algérie contre le mur de votre incompétence. La guerre. Le mur de la haine. Pour tenter d'imposer *votre* Algérie.

Mais mon Algérie, elle, mourra de résignation généralisée, car vous aurez manipulé la Métropole, exaspérée par les dérives de cette colonie rendue folle, enserrée dans les mâchoires d'une violence aveugle. Que dire de cette intransigeante IVe République française, libérale et démocratique, qui n'a rien voulu entendre, de peur de trop bien comprendre, d'identifier ses fautes, de reconnaître ses crimes qui ont servi d'exemples impunis pour d'autres atrocités ?

Vous aurez convaincu les Français d'Arcachon ou de Douarnenez, indifférents à nos appels désespérés, que la ferveur d'une fraternelle communauté franco-arabe était impossible, voire insupportable, intolérable, et qu'elle justifierait la guerre inévitable que vous aurez fomentée pour gagner du temps. Ce temps qui vous est nécessaire pour absoudre votre fuite, car vous finirez bien par fuir.

Vous avez éduqué patiemment le paysan de la Creuse, ou le pharmacien d'Oyonnax à accepter d'avance le pire : vous avancerez la défense d'intérêts réactionnaires, ou progressistes, pour mieux justifier terreur et répression. Et vous pourrez voler la vie de leurs enfants qui périront, sans états d'âme de votre part, égorgés par une nuit glaciale sous le vent des Aurès ou le long d'un trottoir de la Casbah.

Vous parierez sur une guerre lente, cruelle et injuste, mal perçue, mal pesée, mal préparée, mal conduite, et mal achevée, dont les héros martyrs des deux côtés périront dans l'anonymat et dans la culpabilité. Guerre gangrène, guerre dérangeante, guerre trahie dès le départ et perdue avant même d'être déclarée. Votre but non avoué, pitoyable, criminel au regard de l'avenir de l'humanité aura été cette séparation définitive du Français et de l'Arabe, sur une terre de soleil devenue terre de sang, où cette suprême communion des hommes aura été volée à jamais.

L'absence de dialogue entraîne le terrorisme.

L'Algérie ne traversait pas une épreuve, elle n'était que la victime programmée d'un meurtre, celui de la communauté franco-arabe sacrifiée. Le temps ne sera plus où chaque mort française ou arabe sera ressentie avec la même douleur comme un malheur personnel. Vous en appellerez aux pires instincts de l'homme, à commencer par l'instinct de survie et son réflexe primaire, digne de Dieu celui-là, de son égoïsme discriminatoire insupportable : reconnaître les siens.

Quels siens ? Ceux qui lui ressemblent ? Ceux qui ont tous les droits et tous les pouvoirs ?

De tout prendre, de tout garder, et de tout tuer ? L'instinct de survie des deux peuples, côte à côte, précède à tout coup chez l'homme insatisfait l'instinct de révolte, car il accentue la solitude de chacun d'eux.

Vous rêviez de terroriser suffisamment neuf millions d'Algériens arabes, avec qui, au contraire, nous avions commencé à construire depuis cent ans un avenir fécond, fraternel, moderne, que vous avez feint d'ignorer parce qu'il était contraire à tous vos intérêts immédiats.

Vous avez beau fermer les yeux, vous ne les rouvrirez jamais sur un autre monde : celui-ci vous donne une juste idée de ce que sont la honte et l'injustice.

XVI

L'EUROPE est un désert peuplé d'âmes perdues, qui errent sans fin, depuis qu'elles se sont relevées des charniers humains. Impuissantes à réagir, elles dominent ce sable qui a tout envahi, à perte de vue : la religion. Chaque grain est sans cesse soulevé par le vent des tempêtes destructrices de l'Histoire. Bâtie elle-même par des puissances au pouvoir cimentées par des forces de police, élevées par des architectes de justice, qui empoisonnent dans les caves de la désespérance l'intérêt des peuples.

La vérité de l'homme, écrasé par cette société moderne dont il aperçoit à présent, à sa grande surprise, le vide de l'autre côté du miroir, c'est la société de consommation. Devenue à son insu société de consumation. Qui le laisse aujourd'hui accablé, parce que responsable, impuissant, devant les cendres de ses espérances. Le consentement à l'humiliation de se taire, de ne plus crier sa révolte pour les libertés et le respect n'a plus sa raison d'être.

Nous n'avons plus rien à perdre. Et tout à gagner à nous lever.

L'Histoire ne marche plus, elle boite. S'appuyant sur les béquilles de ses mensonges elle ne va pas tarder à s'écrouler, hagarde, face contre terre.

La révolution n'est jamais une fin suffisante.

L'amour et le rire non plus. Mais savez-vous seulement ce qu'est le rire ?

L'espoir et la beauté auront raison de vous.

Les siècles passeront sur l'obscurantisme criminel, et finiront par vous emporter comme poussière !

Mais dans vingt ou trente siècles, des millions d'adolescents pleureront encore en écoutant Shakespeare ou Mozart. Et vous aurez perdu, comme ont toujours perdu vos pareils, monstres assassins de l'Histoire.

La vraie nature humaine est de rejeter l'ordre des choses pour bâtir un avenir meilleur. Lorsqu'il se construit sur le malheur des autres, il finit toujours par disparaître.

Rome et ses Césars n'auront donc jamais servi d'exemple. L'obscurantisme ne pourra rien contre Vinci ou Rembrandt. Ni votre nihilisme contre Monteverdi ou Vélasquez. Aucun carnage ne fera disparaître les Écritures, Virgile, Homère ni Sophocle. Nous voulons élever l'homme, vous ne cherchez qu'à l'abaisser. C'est la charge et le défi de l'art de vous opposer sa beauté, son esprit, son courage.

Faute de tout donner au temps présent, d'en soigner les plaies immédiates, d'en guérir les maux les plus douloureux, l'homme laisse la gangrène se propager. Préoccupé par son seul avenir, incapable de tirer les leçons du passé. L'avenir lui appartient, pense-t-il, et ne lui veut que du bien, puisqu'il y consacre toute son énergie. Divorcer du passé n'a jamais été la meilleure façon de réussir les noces des temps à venir et du présent assoiffé de bonheur.

Et si l'avenir rejetait l'homme, une fois de plus ? S'il refusait de se mettre en marche au rythme que tenterait de lui imposer l'individu arriéré et borné, ennemi de l'art, de la science, du progrès de l'humanité ?

L'art et ses fidèles n'ont de leçon à recevoir de personne. L'art ne connaît pas la peur, ni les interdits. Au sang des assassins, il oppose le rouge de Dufy, le parme de Monet et l'ocre de Van Gogh. À leurs menaces, il donne voix aux pages de Jean Genet ou de Tennessee Williams. Aux hurlements de souffrance des victimes d'attentats, il offre les adagios de Mahler ou de Tchaïkovski. Être heureux est une douleur due au pressentiment constant que cela ne durera pas.

Le temps finit par tout voler, usant, séparant, érodant, détruisant, effaçant tout. Sa seule défaite est évidemment l'art. Unique et intouchable. Immuable.

Tout est poussière et sera redevenu poussière. Sauf l'art. Improbable victoire de l'homme qui tient sur l'inespéré : il n'est de vrai que là. L'art est la vérité de l'homme, et ne saurait être que cette vérité-là. L'homme ne s'aime pas, sinon pourquoi s'inventer Dieu ?

Il est soumis à Dieu, parce qu'il ne supporte pas de se soumettre à lui-même. De s'obéir comme de se vénérer. Il laisse à Dieu le soin de le punir. Et celui, paraît-il, de le sauver. Il a voulu trahir l'accord majeur qu'il entretenait avec la nature, pour la tromper avec Dieu. Et Dieu a fini par trahir l'homme lui-même.

Ce Frankenstein qu'est l'homme pour Dieu, sa créature, a fini par être trahi par elle. Le cœur de l'homme est creux et plein d'ordure pour Blaise Pascal.

Sans doute, celui de sa créature n'a rien à lui envier, pour avoir laissé faire si souvent l'innommable et même en avoir été cause. L'homme voudrait, en vain, qu'on lui pardonne.

Cette constante volonté de justifier ses crimes ! Mais le passé ne se gomme pas, il ne peut que se raturer.

XVII

Tout en la sachant inéluctable, je ne soutiendrai jamais la branche extrémiste, car elle ruine par ses actions tout espoir de paix durable. Rétrogradant, dans sa doctrine criminelle, toute légitimité du mouvement pacifiste arabe, que je reconnais fécond. Le terrorisme a toujours été dans l'Histoire universelle le fossoyeur de ses propres convictions. Condamner la terreur n'est pas l'éradiquer.

C'est condamner ce qui la motive qui est notre salut.

Ce sont ces causes auxquelles il faut s'attacher, sans transiger ni se voiler la face.

Le terrorisme prend racine dans le terreau du désespoir. Il refuse des murs sans fenêtres. Il prétend imposer l'air libre, même s'il y charrie des effluves de sang.

La spirale de l'horreur n'autorise aucun retour en arrière.

Le terrorisme mène à une impasse que la République elle-même a dressée, en fuyant ses responsabilités. Votre incapacité à bâtir l'avenir sur des bases égalitaires de dignité, de totale liberté et de partage, est réelle. Partage ! Ce mot qui vous aura toujours terrifié.

Partage des mêmes valeurs, science et culture. Vous serez passés maîtres dans la science du sauve-qui-peut, la culture du mépris.

Puisque le moment est venu, énonçons clairement les choses.

Personne n'est autorisé à parler au nom des Français d'Algérie s'il prétend ne pas admettre que ses frères de terre algérienne, que ce peuple arabe, n'avait aucun avenir. Et que l'humiliation était son lot. Pourquoi a-t-il été toujours trop tard aux yeux des responsables français pour reconnaître leur aveuglement ? Ils n'ont fait preuve d'aucun réalisme et n'ont su qu'accumuler de vaines promesses, qu'ils n'ont jamais honorées.

Trente ans de phrases aux mots complices. Vous n'avez jamais fait justice au peuple algérien. Vous lui avez caché que vous ne lui accorderiez jamais le régime démocratique que le bon sens exigeait. Vous avez ainsi volontairement attisé la haine de part et d'autre, allant jusqu'à l'impossibilité pour toute voix de la raison d'intervenir. De tenter de s'interposer. Sous peine, à son tour, d'aggraver la situation de crise et d'entraîner de nouveau la terreur.

La manipulation a été menée de main de maître. Je m'adresse aux miens, Français et Arabes, parce que, chaque jour, durant vingt ans, j'ai vécu ce drame algérien sans jamais désespérer de mon pays, l'Algérie. Parce que j'ai toujours cru possible et crois encore possible un double appel à l'équité et au sang-froid. La liberté républicaine ne peut s'imaginer que dans le pouvoir de clamer, haut et fort, le juste et l'injuste. D'accabler la violence. De justifier la raison et la clarté. D'écarter les responsables de cet immense gâchis quand il en est encore temps.

Aucun être ne considère sa condition acceptable si la dignité en est absente.

Si la vie sépare ceux qui s'aiment, alors la haine réunit ceux qui se combattent. Dans cette lutte sans fin, et sans merci, qui les lient à la mort. Ils ne distinguent plus l'amour de la haine. N'est-ce pas la vie qui n'a pas su réagir, et protéger chacun ? La vie qui trahit toujours puisque, tôt ou tard, elle nous livre à la mort. La vie qui admet les injustices, les horreurs. Même si certains d'entre nous sont assez fous pour supporter la leur au vu des vies ratées des autres, qui semblent pires encore. Dieu n'existe pas. C'est sa force. La République, elle, existe. C'est sa faiblesse. Mais c'est sa vérité de refuser la servitude et ce qui la fonde : la peur.

Notre intime conviction d'avoir raison écartera la peur.

Étreindre un corps de femme qui s'abandonne est sublime. Mais l'Algérie ne s'abandonnera plus dans les bras français. La République, elle aussi, ne s'abandonnera jamais, elle est en larmes. Veuve, inconsolable de ses grands hommes. Les maquereaux de la terreur et des injustices sociales ont fait de la République une putain, le long des trottoirs du temps.

Que pèse aujourd'hui le partisan d'une Algérie juste où les deux populations pourraient vivre en paix et dans l'égalité ? Pour Paris, aucun poids.

Inutile d'espérer ce moment propice où les deux populations seraient fondées de s'unir, au lieu de s'observer, se mutiler et se diviser. Notre répugnance n'y changera rien. Le terrorisme régnera dans les rues d'Alger. En maître.

Et la France réagira trop tard.

Il ne nous restera que la désespérance. La guerre, ou la fuite.

Malgré nos avertissements répétés, vous n'avez jamais voulu admettre la misère du peuple algérien. L'avenir arabe, que je soutiens de toutes mes forces, comme frère de terre, passe par l'accession immédiate des peuples musulmans à des conditions de vie honorables et bienfaitrices.

Je radote en vain. Et depuis si longtemps.

Rien n'a réussi à vous interpeller. Vous êtes restés sourds aux appels pour cet immense besoin matériel de ces masses arabes, qui, trahies par votre immobilisme, se tourneront définitivement vers le panislamisme conçu dans les imaginations du Caire.

Ce monde arabe se vengera de votre mépris, un jour ou l'autre, et fera réécrire le rouleau du monde où l'Histoire est transcrite. Cette histoire du XXIe siècle qui s'écrira en encre d'espoir, sans vous. Celle du XXe siècle n'aura été écrite qu'en lettres de sang.

Et pourtant, je refuse de me soumettre et de renoncer.

Je crois encore possible un appel à la raison. La raison du plus faible et non du plus fort.

Oui, j'en appelle à la raison de ces victimes programmées, aux vies brisées, effacées, méprisées, qui devront intégrer leurs enfants en Métropole, si le malheur inéluctable que je pressens, que j'annonce, les accable. Je prédis ces jours futurs où les enfants de leurs frères arabes auront un jour à s'intégrer aussi là-bas, en France, à vos côtés.

XVIII

D'une certaine manière, les criminels nous auront permis de réagir, lorsque plus rien ne parvenait à nous toucher vraiment. Ils nous auront permis de nous souder. De ne plus douter pour de mauvaises raisons. De comprendre, grâce à leurs crimes, que nous étions dans le vrai. Le doute nous empêchait d'agir.

Était-ce le bon moment ? Notre révolte était-elle légitime ?

Nous agirons trop tard, mais nous agirons bien un jour. Il le faudra.

Nous reculions toujours le moment d'intervenir. Pour l'Algérie. Plus pour la France.

La France n'a pas su protéger à temps les richesses inouïes, en biens comme en hommes, de ses terres coloniales. Peu soucieuse de ses biens, irrespectueuse et autoritaire, elle n'a fait qu'accumuler les maladresses qui ont conduit au désastre et au démembrement de l'Empire.

Le soleil de France s'est couché à jamais.

Comme tous les vainqueurs, incapables de surmonter leurs victoires, nous n'avons bien souvent récolté que la haine. Les Français ont fait preuve d'une telle indifférence, d'une telle méconnaissance, d'une telle incompréhension que leur politique coloniale était vouée à l'échec consternant d'une bonne volonté stérile ou d'un autoritarisme inadapté aux réalités.

Chateaubriand et Hugo n'étaient plus de ce monde pour se faire entendre.

La civilisation matérielle, notre obsession occidentale, n'a pour justification que de parvenir à libérer et à enrichir tous les peuples qu'elle asservit. Ce fut, jadis, presque vrai.
Alors seulement ces hommes qui dépendaient de notre étau nous offrirent, à leur tour, leur gratitude et leur amitié.
Le temps des impérialistes occidentaux doit être révolu pour éviter de connaître un avenir irréparable.
Il est évident que nous avons quelque chose à nous faire pardonner.
Un seul fait suffira à illustrer cette affirmation.

Les craintes de l'opinion libérale en France l'ont murée dans un silence fatal qui l'a amenée à n'obéir qu'à de vaines précautions révélant la légèreté avec laquelle on a sous-estimé le drame des familles massacrées dans leurs fermes isolées ou assiégées dans leur village.

Contrairement aux grands colons de la réaction algérienne, citadins des grandes villes, ne vivant pratiquement pas sur leurs terres, ces familles sacrifiées, abandonnées, n'ont cessé de vivre dans une angoisse mortelle. L'immense majorité des Français d'Algérie réclame de la part de tout métropolitain qu'il n'encourage en rien ceux qui les assiègent ou les massacrent.

J'accuse, fermement, certains de mes confrères de les trahir à distance, de participer à l'effondrement de l'Algérie française, de réveiller les haines qui somnolaient, de bâtir un monde de la désespérance et du compromis, de ruser avec les faits, de les travestir. De nous faire perdre notre confiance en l'homme, en l'effaçant pour remplacer l'individu créatif et volontaire par la masse, au service d'une idéologie mensongère, qui ne sera en fin de compte qu'une abstraction.

Tant que vous n'aurez pas ouvert les bras à nos frères africains, comme à nos égaux, leur offrant les moyens nécessaires pour y parvenir dans les faits, avec courage et équité, l'Europe poursuivra sa dérive qui la fracassera au siècle prochain.

Le peuple arabe existe. Il n'est en rien cette masse misérable et perdue pour laquelle l'Occident n'a, au demeurant, aucune considération. L'aveuglement empêche de respecter ce peuple de grandes traditions, ses hautes vertus. La sagesse de la civilisation arabe pourrait nous en remontrer.

L'Amérique impérialiste ni l'Europe colonialiste n'ont échappé à la règle des envahisseurs, en obéissant malgré elles ou pas, au préjugé irrationnel de supériorité raciale. Dien Bien Phu ou Little Big Horn sont de la même empreinte. S'autoflagellant elle-même par nazisme et communisme, l'Europe aura subi en ce siècle la plus atroce barbarie que l'Histoire ait connue. Le général Custer avait été trahi par Washington, les nôtres en Indochine aussi et à présent en Algérie.

Ce qui me paraît mériter votre adhésion, c'est cet effort commun pour tenter de sauver la paix et la liberté. Donc abattre les idéologies. Il faut sauver l'Europe d'une catastrophe démesurée. Ne jamais céder à l'amertume. Penser avant tout à la légitime impatience de ceux qui ont tant souffert. Donner enfin à la jeunesse les outils nécessaires aux immenses tâches qu'elle doit accomplir et mènera à bien. Ce qu'on peut percevoir chaque jour de la désespérance de la jeunesse a de quoi serrer le cœur. Le sort de cette jeunesse perdue mérite qu'on s'y attache et qu'on y sacrifie son intérêt propre.

L'Algérie a le droit d'exister librement, comme la France elle-même. L'Algérie a des problèmes qui lui sont propres, une couleur et une échelle de valeurs particulières qui ne sauraient se résoudre métropolitainement.

On ne fera jamais d'un homme un citoyen français, en le méprisant et en le rabaissant. Pour commencer, parler le langage de la haine n'est pas français. Ce n'est ni la langue de Zola, ni celle d'Hugo. Je ne reconnaîtrai jamais ce langage pour mien.
L'Algérie n'a jamais réussi à trouver, en son sol, de quoi faire vivre sa population entière. Vous auriez dû lui parler le langage du pain.

Elle a eu beau gratter ou retourner chaque parcelle de champ, des douars entiers, venir y fouiller son sol séché, pour en arracher cette amère racine à bouillir, juste assez bonne pour soutenir le corps sans parvenir à le nourrir suffisamment. L'Algérie continuait à souffrir de la faim. Et à vous le crier en vain.

L'Algérie rattachée au ministère de l'Intérieur est constituée, certes, par trois départements.
L'administration métropolitaine a beau y trouver son compte, chaque écolier français sait par cœur

ce qu'elle oublie, à savoir que chaque département d'Algérie est vaste comme quarante départements français, que sa population en peuplerait douze, à elle seule. Cette administration se satisfait d'expédier généreusement deux mille tonnes de céréales pour l'Algérie. Pour huit millions d'Algériens l'équivalent d'une journée de consommation. Tout est à refaire la nuit passée.

Ces populations qui souffrent ainsi de la faim croient atteindre l'extrémité de la détresse. En ressentant une douleur encore plus extrême. La perte de leur confiance en la France, complice en Kabylie, par exemple, des malversations du caïdat qui trafique à hauteur de sept mille à seize mille francs le quintal du grain clandestin, soustrait par des féodaux indigènes ou des colons criminels, pour le marché noir. Chef de la police, juge, administrateur, quel que soit son attribut, le caïd aura sa part de responsabilité dans ce discrédit tragique de la France.

XIX

Je ne suis pas un écrivain engagé, mais dégagé. De toute contrainte. Pour aller seul à contre-courant. Remonter le fleuve jusqu'à sa source, en quête de la vérité à explorer. Je suis un danseur. Avec la mort à mon bras. Valsant en noir et blanc sur le clavier des convulsions de notre temps. Je lui ai souvent marché sur les pieds en dansant, serré contre elle avec ferveur. Elle a fini par me lâcher.

Les lignes de la partition du monde se sont muées en barbelés. Et les notes en taches de sang. La mélodie de la vie a fini par grincer. L'espoir serait-il aujourd'hui de ne rien espérer, d'être seulement lucide ?

Je ne suis pas de ceux qui feignent d'imaginer un monde possible sans guerre, sans terrorisme, sans inégalités révoltantes. Mais, comme tant d'autres, je veux aider à construire un autre monde. Sans état d'âme, lucide, affirmant la seule vérité qui puisse imposer nos valeurs : le meurtre ne sera jamais légitime. Il n'y a de victoires définitives que celles de l'art. Œuvres scellées à jamais au socle de la dignité pour l'éternité, rien ne saurait vous atteindre.

Épargner du sang inutile, dites-vous ? Mais existerait-il un sang *utile* ? Je refuse d'épaissir le mensonge universel. Toute vie est une protestation contre la mort…

Il ne s'agit pas de sauver le monde, mais de se sauver du monde. Monde perdu, à reconstruire.

J'ai toujours refusé de me noyer dans un flot de paroles, pour ne toucher qu'à l'essentiel : la pensée nue. Sans compromis. Je crois en la beauté, nue aussi, celle du corps brun des femmes. Je crois à la délicate saveur d'un baiser, à la main caressante et chaude de ma mère sur ma joue d'enfant fiévreux. Je crois à la vie, à la tendresse.

Ce qui est absurde c'est de croire absurde de croire.

Mais ce qui ne l'est pas, c'est de croire absurde de croire en l'homme. Car rien n'est crédible en lui. Puisqu'il bafoue tout. À commencer par lui. Il a appris à se nier lui-même.

Il jouit des souffrances qu'il se fait endurer.

Il se veut serpent : ramper, se muer en monstre.

L'homme de notre génération n'est plus face au mur, mais dos à l'avenir.

Il a lui-même détruit ce qu'il avait mis vingt siècles à élever, ce mur de paix.

Paix du monde, ou semblant de paix, n'est pas paix en son âme, ou faux semblant.

C'est parce qu'il n'osait plus affronter cette élévation, ce mur de liberté, d'intelligence, de science, ce bâti de culture, qu'il l'a laissé s'effondrer.

Il n'a pas su entendre la clameur du siècle à venir. Il a eu peur d'y rencontrer son mensonge, son miroir brisé.

On est souvent dos à dos avec soi-même dans la vie, on se ment parce qu'on s'effraye de ce que l'on découvre de sa vraie personnalité. Dès lors comment ne pas mentir aux autres ?

Le face-à-face avec soi-même exige plus que du courage. Il faut oser déchirer le rideau de ses habitudes. Pour y montrer parfois son nez, faire apparaître son vrai visage.

Nous sommes tous fous. La vraie folie, c'est croire de ne pas l'être. On s'aveugle alors.

Nous avons l'honnêteté de mesurer notre folie.

À commencer par cette folie de vouloir être heureux, tout simplement, sans y mêler les autres. Comme si cela ne regarderait que nous.

Mais nous sommes tous en vue. Ce sont les autres justement qui nous regardent, et qui nous jugent. Notre bonheur serait-il donc indécent ? Ne devrions-nous pas le partager ? Ou du moins préparer de toutes nos forces un terrain favorable au bonheur des autres ? La culture est cette graine fertile qui ose créer les conditions de dignité humaine, sans lesquelles aucun partage ne serait possible.

L'art est au-dessus des nuages certes, dans cette irréalité élévatrice qui lui permet d'être intouchable. Jamais étriqué, soumis, discipliné, censuré ou dévié. Là-haut, rien ne peut l'atteindre. Tout est climatérique, imprévisible et soudain. Clarté, ironie, élégance, résonance, les nuages des mots y symbolisent à sa juste valeur cette haute idée de la responsabilité de l'écrivain à lire ou de l'auteur à dire, d'être le témoin de la dignité de l'homme dont l'esprit peut s'élever plus haut que tout, sur cette terre. La plume s'enorgueillit d'être au service de la révolte, comme de la compassion. Mais jamais de l'indifférence, ni du mensonge, ni de la haine.

Je connais de ces hommes qui passent à côté de leur vie. Ils ne font que la murmurer.

Ils n'osent rien. Tant ils ont peur de la rater au grand jour. La beauté, la poésie, la chair de la femme et le sourire d'un enfant, les jappements d'un chien, la Méditerranée offrant sa splendeur naturelle, la caresse du vent chaud, la pluie drue sur une joue, la terre craquelée, desséchée, qui souffre en poussière, les cyprès écrasés de soleil, les chapelets de piments du marché couvert, tout est frémissement de vie pour l'homme.

Se révolter aujourd'hui n'est plus dire non, mais oser le oui. Oui à l'avenir. Oui au nouvel homme qui ne se reconnaît qu'une vérité : le défi de vivre. Mourir pour les autres, oui. Par les autres, non.

XX

S I FRAGILE soit-il, le bouclier de l'art oblige l'artiste à réagir devant l'inéluctable.

Son silence coupable révélant des abîmes de lâcheté, sous prétexte de neutralité, l'accuse.

Je ne vis pas dans la foi, et je n'ai aucun espoir d'y parvenir.

Je ne me soucie que d'une vérité, celle des hommes.

Je refuse d'oublier ma propre personne et de nier mon goût pour la grandeur humaine. Qui surpasse à mes yeux toutes les autres. Que je ne reconnais pas.

Mes doutes sont ma vraie richesse. Je nie la peur, je dénie la prétention.

J'ai toujours eu en moi ce sentiment obscur qu'écrire était un honneur, un orgueil.

Je me sens cette exigence au cœur, sans jamais parvenir à vivre à sa hauteur.

J'ai malheureusement du goût pour le rire, les femmes, l'amitié, le soleil et la mer.

Je pense que nous sommes égarés dans un monde impossible. Mais j'ai appris à y vieillir. Sans me réjouir de ce que je vois. Et sans y attendre l'aide de Dieu.

Tout au long de ma vie, Dieu ne m'a jamais soutenu dans les circonstances les plus contraires. Moins je me réjouis de ce que je vis, plus je l'ignore. Dieu muet.

Le jugement de Dieu ne m'intéresse pas. Avant de me juger, s'est-il jugé lui-même ?

A-t-il osé avouer ses faiblesses ? ses oublis ? ses abandons ? ses aveuglements ?

Je suis homme, et je n'ai jamais eu qu'un parti à prendre au lieu de juger : celui de témoigner. Pour comprendre. Cet effort demande de la clairvoyance. Je refuse de faire partie du flot à la mode qui véhicule la vacuité des faux-culs beaux parleurs.

Ma gratitude est d'autant plus profonde pour ce métier de littérateur qui est le mien.

Car c'est bien d'acter qu'il s'agit en écrivant, d'un rôle à tenir dans la société.

Et seule l'idée que je me fais de mon art m'a éclairé. Que la vie soit juste pour chacun et libre pour tous, c'est le but que l'artiste a à défendre.

Je n'ai jamais écrit que pour avoir le droit de me taire. Pour avoir tout dit.

Espérer un jour ne plus avoir à prendre la parole.

J'ai, certes, cherché à émouvoir le plus grand nombre, non pas parce que je me sentais différent des autres, donc capable d'oser tout dire, mais au contraire indifférent aux autres, n'ayant plus confiance en eux, portant haut la voix pour les générations futures. Cette continuité dans le désespoir doit cesser.

Mon encre noire ne se mettra jamais au service de ceux qui font l'Histoire rouge sang.

Elle est au service de ceux qui en souffrent. L'impardonnable, en histoire, est de pardonner. Il n'y a qu'une ligne de vérité sur laquelle une œuvre s'écrit et perdure : ne jamais s'accommoder du mensonge. L'esprit ne doit pas perdre de sa vigilance.

L'homme politique doit agir. L'écrivain réagir. Immédiatement. Sans surenchère du désespoir, mais sans cesser non plus de lutter contre, et pour la liberté.

Ne pas s'engager dans la lutte c'est se désolidariser, c'est endosser les trahisons.

Plus rien n'est neutre. Je pense à la jeunesse de France avec inquiétude.

Lorsque l'intelligence des politiques s'abaisse trop souvent au service de la haine, qu'elle entend gommer le partage des biens humains qui fait la dignité de vivre et de mourir, lorsqu'elle se montre incapable de restaurer une paix universelle qui ne soit pas celle de la servitude. Alors le désespoir s'amplifie et démasque cette politique infirme. Inapte à bâtir cette belle utopie, la réconciliation définitive du travail et de la culture. Cette arche d'alliance avec tous les hommes. Qu'elle ne s'étonne pas dès lors que les générations futures, exaspérées, désespérées, puissent un jour proche se redresser, se débattre et se révolter. La jeunesse est cette vocation pour le bonheur. À la trahir, on se disqualifie.

La jeunesse sollicite notre attention. Vous n'auriez jamais dû perdre de vue cette immense nécessité où vous étiez, de redonner à cette jeunesse fiévreuse des raisons d'espérer. Non pas en vous, mais en elle. Sa voix demeure celle de l'énergie, nous la ferons entendre. Si nous échouons, les hommes retourneront à la nuit. Et nous aurons démérité.

XXI

Est-ce la dernière occasion d'en finir avec ces ineffables mensonges qui ont fait tant de mal, coûté tant de sang ? Évoquer ces centaines de milliers d'innocents que la patrie, trahie par son chef suprême, a sacrifiés ?

Que ce soit clair, que ce soit dit : il a d'abord trahi la République, en lui substituant un État collaborateur du nazisme. Dépassant ses ordres sanguinaires. Pétain, parfaitement maître de lui, n'a jamais prétendu feindre la surdité ni la cécité. Endossant, avec un sang-froid saisissant, ses actes dont les conséquences immédiates lui ont toujours paru bienfaisantes et implacables, voire nécessaires, pour la France réaliste dont il était à ses yeux le grand bâtisseur.

Débarrassée du chancre communiste, du rat juif et du cafard socialiste. Une France dont la purification finale lui ouvrirait les portes de la gloire. Le Maréchal héroïque des tranchées avait jeté le masque pour laisser place au chef d'État, collaborateur cynique qui, lui, ne trancha pas, et décapita la République.

De ces années misérables, inhumaines, déshonorantes, nous ne sortirons jamais, parce qu'elles auront touché à ce qu'il y a de plus pervers en l'homme : la trahison, certes, mais pire encore, le doute. La France trahie par elle-même, ce que personne, en fait, n'aurait pu croire possible, ces hommes indignes l'ont fait.

Éluder les responsabilités ne fera que repousser le temps béni où la jeunesse de France aura retrouvé sa confiance en sa patrie nourricière. Pour sortir de ce drame elle tirera elle-même, sans œillères, la part de vérité que ces années d'épreuve contenaient. Et c'est ici précisément que se situe l'immense responsabilité de Pétain. Qu'une réputation montée de toutes pièces, de martyr, de vieillard dépassé ou vaniteux, de jouet cassé entre les mains d'un complot d'État, ne le sauvera pas de la justice des temps futurs. Qui ne s'élèveront pas sur le mensonge de ces années fangeuses, mais sur toute la clarté retrouvée de cette nuit du désespoir qui s'était abattue sur la France des droits de l'homme.

La France ouvrière que nous célébrions. La France des avancées sociales et humanistes. Cette France qui laissait espérer au monde entier un monde meilleur, pour ceux qui gardaient le souci de la dignité et de la liberté humaine. La résistible ascension du Führer, hissé sur les ruines fumantes de la République de Weimar en 1933, n'aura duré que le temps de promettre un destin prodigieux au peuple allemand mystifié, incrédule ou complice, magnifié et déshonoré.

Rome des temps modernes finissant dans les flammes de la destruction. France vichyste, haïe et trahie, qui aura hypnotiquement adoré, avant de le craindre et de le vomir, un monstre qu'elle-même avait enfanté.

C'est un homme, demain, avec ses faiblesses mais avec son honneur, que la France entendra suivre.
Un seul chef, un seul symbole : Charles de Gaulle.
Un seul idéal : la liberté dans l'honneur.
Un seul régime : la démocratie socialiste républicaine.
Qu'on ne compte pas sur nous pour le trahir. Le meilleur de nous-même s'est épuisé dans une lutte désespérée. Mais le meilleur sera au service de cette République.

La conviction d'un pouvoir autoritaire, nécessaire au progrès, n'a pas disparu de certains esprits, même après tant de souffrances et de détournements. Mais notre vigilance s'affirmera sans faillir, et notre lucidité restera intacte. S'il nous faut réagir un jour.

J'ai peu de chose à y ajouter. Pour ma part, je ne veux plus céder aux tentations fourbes du cynisme ou du nihilisme. La France ne retrouvera jamais son ancienne puissance. La fidélité n'occulte pas la clairvoyance.

Je méprise les politiciens traîtres depuis l'inexorable démembrement du Front populaire, qui s'est sali lui-même.

Ces libertés essentielles n'auraient jamais dû s'incliner devant les nécessités de l'Histoire, au profit du glaive et du feu. Sans jamais hausser le ton, mais parlant sans faillir le langage de la fermeté face aux idéologies meurtrières des puissances de l'Axe, une nation honora son temps. L'Angleterre.

Gloire à l'Angleterre qui elle n'aura jamais capitulé, jamais trahi, jamais collaboré. Gloire aux héros de la Bataille d'Angleterre, qui, quelques semaines seulement après qu'une France humiliée et épuisée par l'exode, grotesque, effrayante, avait désespéré femmes, vieillards, enfants, sacrifiés sur les routes de poussière, de boue, de sang du Sud qui ne les ont menés qu'au doute et à l'angoisse, ont giflé l'Allemagne sûre d'elle et qui ne se relèvera jamais de cette première défaite sans appel, où son arrogance fut ébranlée.

Gloire à la solitude de l'Angleterre qui osa défier et abattre les ailes d'Hitler. Refusant de capituler, refusant aussi la peur, refusant de plier le genou. Lors même que des blessures inouïes lui étaient infligées par le Reich.

Gloire à la RAF qui abattit près de deux cents bombardiers de la Wehrmacht alors que Londres était en flammes. Respect pour la pudeur britannique qui jamais ne se vanta de son courage héroïque, bien au contraire, qui s'excusa presque de son entêtement naturel à admettre ses certitudes raisonnées, de cette supériorité légendaire à défendre le droit et son Dieu.

Ce peuple a refusé de se plaindre. Il ne s'est donc jamais trahi lui-même. Avec une force intérieure et ce courage paisible qui préservèrent chez lui sa déconcertante mais libertaire démocratie royaliste. Aussi ambiguë que pragmatique, et qui nous force à une reconnaissance infinie.

Je suis imperméable au découragement. N'en déplaise à ceux, qui, nombreux, décryptent chez moi une sorte de lassitude que je traînerais après moi et qui m'ôterait toute volonté, à présent que le mûrissement m'enveloppe. Comme tout écrivain, je n'ai jamais écrit qu'une seule phrase en une vie entière.

De différentes manières, mais unique : existe-t-il une seule raison de supporter cette vie ? Je n'ai jamais formulé qu'une réponse : l'amour.

J'ai cheminé sans trêve, en moi-même, pour finir par m'apercevoir que je ne savais rien. Tout m'est toujours à découvrir. Passer des heures à se promener n'est pas de mon fait. C'est le rêve qui porte mes pas, là où j'ignore être parvenu.

Il n'est de chemin que je n'aie déjà parcouru avant de m'y retrouver. Rien chez moi qui soit méthodique ou prémédité.

Je me suis condamné à la simplicité et à l'éclaircissement. J'ai brisé les miroirs.

Je n'ai jamais été en proie à cette peur instinctive de l'écrivain face à lui-même, pour la simple raison que je ne suis peut-être justement moi-même que lorsque je ne m'aperçois plus. Et que, libéré de ce qui me pèse, je puis enfin m'occuper de ce qui me passionne, c'est-à-dire les autres.

Au milieu de leur propre vie je tiens à respirer comme eux, à agir ou pas, à aimer ou plus, mais en toute occasion, comme ils auraient pu le faire. Ma vie consiste alors à voler la leur, et l'enfermer telle quelle, dans les prisons de mes romans. Je ne suis qu'un geôlier des âmes de mes contemporains. Ne le leur répétez surtout pas ! Ils se révolteraient sans doute et s'évaderaient, sans coup férir, de là où j'avais eu l'audace de les coucher : ma littérature. Derrière les barreaux de ma pensée.

En ce sens, je ne suis surtout pas un philosophe. Pour deux raisons. La première, je l'ignore. Or, la philosophie ne prétend-elle pas tout comprendre ? Expliquant même l'inexplicable. Mon ignorance première à être non philosophable ne suffit pas. Il y faut aussi la seconde et véritable raison : je pense par les mots et non selon les idées. Je n'enveloppe rien. Je me refuse à envisager le cas général. L'ensemble ne m'intéresse pas. C'est le cas particulier qui me touche. C'est le détail qui m'envahit. C'est l'homme, livré tel quel, seul avec lui-même. C'est l'accident qu'il est, cette imperfection, qui sera arrivé à dominer la nature, mais impuissant à se dominer lui-même, qui est bien le sujet banal et magnifique qui occupe toute ma vie.

Et en dépit des apparences, je ne me suis jamais attendri sur lui. Refusant ainsi toutes les complaisances.

XXII

JE SUIS REVENU de la mort pour parler aux générations futures. Parce que je ne veux pas qu'on leur mente. Et qu'elles subissent ce que nous avons dû souffrir, comme un aboutissement logique.

J'ai choisi de ne plus éluder. De ne plus fuir. Quelle importance qu'un écrivain ne vive que pour son œuvre ? Aucune. C'est son œuvre qui, elle, doit lui survivre. Assez de mensonges sur l'Algérie.

La vérité n'y gagne pas. Tout ce qui touche à la sincérité renforce la communion des deux peuples. Cette communion redoutée par les ennemis de la France et de l'Algérie.

Je fais le pari que le jour viendra où les paroles seront plus fortes que les balles, qu'elles ne s'accommoderont jamais du crime de sacrifier la jeunesse, ce levain du monde.

L'écrivain n'est pas un humaniste mais un « plumaniste ». Il doit trouver, non pas le mot juste qui rassure, mais le mot injuste qui fâche. Qui dénonce et dérange l'ordre établi, s'écartant des conventions.

Avec l'encre et la plume il interpelle, il fustige. Il n'est pas là pour avoir le dernier mot, mais le premier au contraire. Il engendre les révoltes. Il refuse les compromis. Il n'est pas non plus un maître à penser, un donneur de leçons, mais un maître à dépenser. Dépenser toute son énergie au service de ce qu'il croit être juste et nécessaire, pour s'opposer à la folie meurtrière des hommes. Révéler c'est déjà juger.

Chaque œuvre doit être un risque extrême. L'avenir de la démocratie dépend de notre clairvoyance à lutter contre la servitude. Il faut accepter le défi de l'authenticité. Chaque œuvre d'art apporte sa richesse à la face humaine, et sait la rendre plus admirable, plus généreuse, plus respectable, pour mieux se défendre dans cette société factice et désincarnée. La vocation de l'art est de rassembler. Il n'a rien à apprendre, mais tout à comprendre.

Aucune œuvre d'art ne peut se fonder sur la haine et le mépris. On ne prostitue pas les mots impunément sans risquer de se déshonorer à jamais. L'écrivain convaincant est d'abord convaincu.

L'artiste est ce grain de sable qui, à lui seul, entend enrayer le cours de l'Histoire flattée par les tyrans, et qui, dans la fornication des fléaux accouche d'eux : néronisme, hitlerisme, léninisme, stalinisme, maoïsme, pétainisme, mussolinisme, franquisme ou tout isme, casserole des dictatures sanguinaires qui se sont imposées à nous. Comme un cauchemar renouvelé, dont nous n'étions pas prêts de nous réveiller, dans les arcanes du destin tragique qui nous accablait depuis tant d'années.

Que peut faire l'écrivain pour élever sa carrière à la hauteur de son destin ? Ma liberté était d'accepter les contraintes, sans jamais céder à la facilité, mais d'assumer mon aisance à penser juste et net.

La pensée, cette chirurgie aveugle de l'âme, crée l'idée rebelle, solitaire, incongrue. La mauvaise idée surtout. Le pas de trop, le pas de travers, le grand écart, le saut de l'autre côté de la ligne rouge, qui promet les chefs-d'œuvre.

L'artiste qui ne dépasse pas les limites n'a plus de véritable exigence envers lui-même. Il raisonne au lieu de déraisonner. Il n'avance plus, fragile et démuni, il est stérile, tenaillé par ses certitudes. Il s'use à la compréhension au lieu d'innover par l'incompréhension et la folie libératrice. Que m'importe que nous laissions l'éternité entre les mains du plus grand nombre, si la terreur les conduit à se soumettre. Tuer l'esprit pour humilier les âmes, est la seule ligne de conduite pour perdre les hommes.

Dieu voit tout, à ce qu'il paraît, donc Dieu n'est pas un artiste. Puisque l'artiste crée ce qu'il ne voit pas, l'invisible, l'impalpable.

Espérer une autre vie après la mort, donc la croire meilleure que celle-ci, est une trahison de l'homme et une soumission à Dieu. Mais quand donc Dieu a-t-il dit qu'une autre vie existait encore ? Quand ? Au fond de cette question gisent mes doutes.

Il paraît que Dieu aide à nous soulager de nos fautes. Mais la pire d'entre elles n'est-ce pas de croire en Dieu, justement ?

Dieu de pardon et de miséricorde. Et si au contraire je n'admettais pas le pardon ?

Cette douceur du pardon m'est souvent insupportable. Je mesure et j'assume ma responsabilité : je n'entretiendrai jamais cette équivoque. Dieu ne poussera jamais la porte entrebâillée de mon esprit.

Je ne suivrai jamais la mode de la foi. Jouir du pardon… À quoi bon se frustrer de tuer puisque Dieu pardonnera ?

L'écrivain doit se tenir à l'écart des modes. Les précéder d'abord, les dépasser ensuite pour demeurer à la vie et à la mort vivant et neuf. Imprévisible.

L'abcès de la religion a réveillé une cruauté longtemps absente, refoulée, au fond du désespoir humain. On la croyait morte à jamais. Elle attendait son heure dans le terreau de la misère.

L'Inquisition n'a-t-elle pas été secrétée par le christianisme ? La religion s'est dévoyée. La bête humaine sait se parer aussi des ornements de la religion. La terreur frappera sous le masque de la foi, des Indes jusqu'en terre d'Islam.

Mon adolescence remonte par bouffées, ce temps où tout m'était autorisé.

À force de scruter en vain le désert mes yeux sont couleur sable ; j'ai appris à ne jamais renoncer à la lumière.

J'ai toujours écrit les yeux fermés pour parcourir les chemins de ma mémoire. Aussi mon imagination est-elle limitée. Je ne peux revivre et encrer que ce que j'ai vécu. Sans hauteur de vue. Sans ces subtilités dialectiques que je ne supporte pas chez les autres qui sont, eux, bien en vue. Je n'écris pas d'ailleurs, je trace. Mes mots ne sont que ces pas hésitants sur les chemins de mon esprit en marche. Je me suis senti épié sans cesse. Pour le plus grand plaisir de mon orgueil.

Cette ivresse de l'écrivain : le vertige du futile. Être brillant à la va vite, au lieu d'être profond à la va bien.

Les dimanches dans les stades de football pleins à craquer, ou les soirs de théâtre dans les loges en coulisses, ou sur la scène, sont les lieux sur terre où je me suis senti innocent. Confronté à ce qui m'a toujours paru l'écho du bonheur, quand la foule répond au jeu des sportifs ou des comédiens par un enthousiasme, une passion, une joie communicative. Avec un plaisir et une dérision qui m'emportent le cœur. Et qui me font accepter et aimer chacun. Puisque tout le monde s'assemble, et se ressemble enfin, cessant de s'en tenir aux apparences.

La force inouïe des émotions vraies que procure l'œuvre d'art aura habité, nourri et enrichi la face de l'humanité. Le visage de l'homme est ce jardin d'âme où tout se lit. L'homme gagné par la compréhension de ce qu'il est. J'ai commencé à écrire en croyant que le but était de comprendre, pour mieux séduire, mais je me suis vite aperçu qu'il fallait plutôt séduire d'abord, pour être mieux compris.

Or, c'est toujours l'inavouable, l'incompréhensible instinct qui ne se maîtrise pas, le secret, qu'il faut révéler au lecteur.

Il n'y a pas de limite au-delà de laquelle l'écrivain ne puisse s'aventurer. Ainsi l'art littéraire donne la parole à ceux qui n'ont rien à taire, alors que la politique donne la parole à ceux qui n'ont rien à dire.

Nous sommes tous des condamnés à mort. Alors autant vivre dans l'innocence, et apprendre à mourir dans l'authenticité.

C'est-à-dire dans l'amour.

Paris, 3 mars 2013,
rue de la Gaîté, au *Plomb du Cantal*,
en face du Théâtre Rive Gauche.

Cet ouvrage a été composé
en Palatino corps 11.1
par Nord Compo
à Villeneuve-d'Ascq (Nord).

Achevé d'imprimer
par l'Imprimerie Floch
à Mayenne, en juin 2013
sur papier Lac 2000,
pour le compte du Passeur Éditeur.

Dépôt légal : juin 2013
N° d'imprimeur : 85037
Imprimé en France